KB267909

明心寶鑑

명심보감

윤창화 옮김·해설

명심보감(明心寶鑑)

제1판 1쇄 인쇄 2006년 2월 20일
제1판 1쇄 발행 2006년 2월 26일

옮 긴 이 윤 창 화
펴 낸 이 이 은 주
펴 낸 곳 도서출판 동숭동

등   록 1993년 5월 14일 (등록 제1-1518호)
주   소 서울시 종로구 수송동 58번지 두산위브파빌리온 810호
전   화 (02) 732-2403~4
팩시밀리 (02) 739-7565
 E-mail   minjoksa@chol.com
ⓒ 2006 동숭동

ISBN 89-7737-023-X 03140
값 9,000원

* 잘못된 책은 바꾸어 드립니다.
* 동숭동은 도서출판 민족사의 자회사입니다. (02)732-2403~4

명심보감

옮긴이의 말

우리나라 사람이라면 초등학생에서부터 어른에 이르기까지 『명심보감(明心寶鑑)』이라는 책을 모르는 사람은 없을 것이다.

『명심보감』은 동양의 고전으로서 훌륭한 명언집이다.

『명심보감』은 인생의 지침서이자 뛰어난 처세론이다.

『명심보감』은 인간으로서 갖추어야 할 기본적인 상식과 예의범절을 수록한 책이다.

이처럼 『명심보감』은 남(男)과 여(女), 유식과 무식, 인격자와 비인격자를 떠나서 읽고 실천해야 할 준칙이 되는 책이다.

'마음을 밝혀 주는 보배 거울' 같은 책이라는 뜻을 담고 있는 『명심보감』은 원래 중국 명나라 때 학자인 범립본(范立本) 선생이 중국의 고전 및 유명한 분들이 남긴 명언들에서 발췌한 것으로 그 양(量)은 현재 우리가 알고 있는 것보다는 훨씬 많다. 이것을 고려 충렬왕 때의 학자인 추적(秋適, 생몰 연대 미상) 선생이 다시 간추려서 전한 것이 현재 우리가 읽고 있는 『명심보감』이다.

이번에 간행한 『명심보감』은 가능한 독자들이 쉽게 이해할 수 있도록 하기 위하여 주로 뜻번역(의역)을 하였으며, 각 명구마다 제목을 하나씩 붙였다. 또 좀더 분명한 이해를 위하여 각 구절마다 간단한 해설을 덧붙였다. 그리고 혼자 공부하는 데도 어려움이 없도록 하기 위하여 원문 밑에 어려운 한자를 찾아서 수록했으며, 독자들에게 폭넓은 지식을 제공하고자 동서양의 고전에서 관련 있는 문구를 뽑아 수록했다.

현대는 인간관계가 옛보다도 훨씬 더 복잡한 사회이다. 단순함과 순수함이 사라진 지 이미 오래이다. 시대와 상황만 좀 다를 뿐 인간관계는 여전히 어렵다. 그럴 때마다 이 책을 읽는다면 맑은 마음을 찾는 데 적잖은 도움이 될 것이다.

2006년 1월
옮긴이 씀

차 례

11 선 행 (繼善篇)

23 하늘의 뜻 (天命篇)

31 순 리 (順命篇)

37 효 행 (孝行篇)

47 자신을 올바르게 (正己篇)

73 자신의 분수 (安分篇)

79 양 심 (存心篇)

97 마음관리 (戒性篇)

공 부 (勤學篇) ●107

자식의 앞날 (訓子篇) ●117

반 성 1 (省心篇 上) ●125

반 성 2 (省心篇 下) ●161

교 육 (立敎篇) ●191

정 치 (治政篇) ●207

가 정 (治家篇) ●215

우 애 (安義篇) ●221

225 예 의 (遵禮篇)

233 언 어 (言語篇)

239 친 구 (交友篇)

247 여 성 (婦行篇)

253 증보편 (增補篇)

263 효행편 속 (孝行篇 續)

273 청렴결백에 관한 글 (廉義篇)

281 배움을 권하는 글 (勸學篇)

선 행

繼善篇

하늘은 착한 자에게 복을 내린다

001 하늘은 착한 일을 하는 사람에게는 복을 내려주지만 나쁜 짓을 하는 사람에게는 재앙을 내린다.

〈공자(孔子)〉

子＊曰, "爲善者는 天 報之 以福하고, 爲 不善者는 天 報之 以禍니라."

▪報 갚을 보　　▪禍 재앙 화

＊ 자(子) ―― 공자(孔子, B.C. 552～B.C. 479.)를 이름. 이름은 구(丘), 자는 중니(仲尼). 유교의 개조. 제자들이 그의 언행을 기록한 『논어』에 공자의 사상이 잘 드러나 있다. 『춘추』를 지었으며, 『시경』·『서경』 등에서 불필요한 내용을 덜어내고 고쳐 정리하였다.

□ "어찌 명예를 위하여 선(善)을 행하겠는가."

■ 정이천(程伊川, 1033～1107)의 『역전(易傳)』에 이런 말이 있다. "선을 행하면 훌륭한 명예가 뒤따른다. 하지만 군자가 어찌 훌륭한 명예를 위하여 선행을 할 수 있겠는가. 훌륭한 명예를 얻었을 적에는 이미 선행을 했기 때문인 것이다."(如言 爲善有令名, 君子豈爲令名而爲善也哉. 亦言其令名者, 爲善之故也.)

■ 『사기(史記)』 「악서(樂書)」, "무릇 음성(音聲)이란 사람의 마음에서 우러나오는 것이다. 하늘이 사람과 서로 통하는 바가

있는 것이 마치 그림자가 형체를 따르고 메아리가 소리에 응하는 것과 같다. 그러므로 선행을 실천하는 사람에게는 하늘이 복으로써 보답하고 악을 행하는 사람에게는 재앙을 내리나니, 그것은 자연스러운 것이다."(凡音由於人心. 天之與人有以相通, 如景之象形, 響之應聲. 故爲善者天報之以福, 爲惡者天與之以殃, 其自然者也.)

작은 선(善)도 가벼이 여기지 말라

002 | 한(漢)나라* 소열 황제**가 죽음에 임박하여 아들 유선(劉禪)에게 다음과 같이 당부하였다.

"좋은 일은 비록 작은 일이라도 반드시 실천할 것이요, 나쁜 일은 아무리 작은 것이라도 해서는 안 되느니라."

〈한소열(漢昭烈)〉

漢昭烈이 將終에 勅後主曰, "勿以善小而不爲하고 勿以惡小而爲之하라."

· 昭 밝을 소　　· 烈 절개 굳을 렬, 공 렬, 아름다울 렬　　· 終 죽을 종
· 勅 조서 칙

* 한(漢)나라 ── 중국 삼국시대 때에 유비(劉備)가 촉(蜀 : 四川省)에 세운 나라(221~263). 촉한(蜀漢)이라고도 함.

** 소열 황제(昭烈皇帝) ▁ 161~223. 촉한의 초대 군주 유비(劉備).
재위 기간은 221~223. 자는 현덕(玄德). 소열(昭烈)은 묘호임.

악은 틈새를 엿본다

003 | 하루라도 좋은 생각을 하지 않으면 모든 악이 저절
로 일어나게 되느니라.   〈장자(莊子)〉

莊子*曰, "一日 不念善이면 諸惡이 皆 自起니라."
- 莊 장중할 장   - 念 생각 념   - 諸 여러 제   - 起 일어날 기

* 장자(莊子) ▁ B.C. 365?~B.C. 290? 성은 장(莊), 이름은 주(周). 중
  국 전국시대의 사상가. 주요 저서에 『장자(莊子)』가 있다. 장자의
  사상은 무위자연(無爲自然).

  "생각하면 생각하는 대로 된다."

■ 정신분석연구 분야에서 세계적인 권위자로 알려진 머피 박
  사(Joseph Murphy)가 한 말이다. 머피 박사는 '좋은 일을 생각
  하면 좋은 일이 생기고, 나쁜 일을 생각하면 나쁜 일이 생긴
  다'고 하였다. 무의식 부분에 속하는 잠재 능력을 지속적으로
  발전시킨다면 자신이 원하는 것은 무엇이든지 이룰 수 있다
  고 그는 주장하였다. 우리말 속담 가운데 "말이 씨가 된다"는
  말과도 통한다.

착한 일을 좋아하고 악한 일을 미워하라

004 착한 일을 보게 되면 마치 목마를 때 물을 본 듯이 부지런히 실천하고, 나쁜 소리를 듣게 되면 마치 귀먹은 것처럼 못 들은 체 하라. 착한 일은 마땅히 욕심내야 하지만 악한 일은 좋아하지 말지니라. 〈태공(太公)〉

太公*이 曰, "見善如渴하고 聞惡如聾하라." 又曰, "善事란 須貪하고 惡事란 莫樂하라."

- 渴 목마를 갈
- 聾 귀머거리 롱
- 須 모름지기 수
- 貪 탐할 탐
- 樂 좋아할 요

* 태공(太公) ▁ ?~?. 중국 주(周)나라 초기의 정치가. 성은 강(姜), 이름은 상(尙). 흔히 우리가 말하는 강태공(姜太公)을 가리킨다. 위수(渭水) 가에서 낚시질을 하다가 문왕(文王)에게 발탁되어 뜻을 펴게 되었다. 낚시하는 사람들을 '강태공'이라 부르게 된 것도 이 고사에서 기인한 것이다. 무왕(武王)을 도와 은(殷)의 주왕(紂王)을 멸하고 천하를 평정하였으며, 제후(齊侯)로 봉해져 제(齊)나라의 시조가 되었다.

악행은 영원히 남게 된다

005 착한 일은 일생 동안 실천한다고 해도 오히려 부족하지만, 악한 일은 단 하루를 행하더라도 오래도록 남게 되느니라.

〈마원(馬援)〉

馬援*이 曰, "終身行善이라도 善 猶不足이요, 一日行惡이라도 惡 自猶餘니라."

▪援 도울 원, 잡아당길 원　　▪猶 오히려 유　　▪餘 남을 여

* 마원(馬援) ＿ B.C. 14~A.D. 49. 중국 후한(後漢) 사람. 광무제(光武帝)를 도와서 티베트 지방에서 일어난 반란을 진압하고 북방의 흉노족을 토벌하는 등 많은 공을 세웠다.

"선(善)을 축적한 집에는 반드시 훗날 경사가 있게 된다."

『주역(周易)』 곤괘(坤卦) 문언전(文言傳)에, "선행을 쌓은 집은 반드시 훗날 경사스러운 일이 있게 되고, 불선을 쌓은 집에는 반드시 재앙이 있게 된다."(積善之家, 必有餘慶, 積不善之家, 必有餘殃.)는 말이 있다. 즉, 덕행을 많이 행한 집안은 그 후대 자손들에 이르기까지 복을 누리게 된다는 말이다.

자식에겐 재산보다는 음덕을 물려주어라

006 많은 재산을 자식에게 물려준다고 해도 자식이 반드시 그 재산을 온전히 지킬 수 있는 것은 아니며, 많은 책을 모아서 자식에게 남겨 준다고 해도 자식이 반드시 그 책을 다 읽을 수 있는 것은 아니다. 그러므로 음덕(陰德)*을 쌓아서 자식에게 물려주는 것이 최선의 길이다.

〈사마온공(司馬溫公)〉

司馬溫公**이 曰, "積金以遺子孫이라도 未必 子孫이 能盡守요, 積書以遺子孫이라도 未必 子孫이 能盡讀이니, 不如 積陰德於冥冥***之中하여 以爲子孫之計也니라."

- 司 맡을 사 ・ 溫 따뜻할 온 ・ 積 쌓을 적 ・ 遺 남길 유
- 守 지킬 수 ・ 陰 몰래 음 ・ 冥 어두울 명 ・ 計 꾀할 계

* 음덕(陰德) ― 남에게 알려지지 아니하게 행하는 덕행.

** 사마온공(司馬溫公) ― 사마 광(司馬光, 1019~1086)을 이름. 중국 북송의 정치가이며 학자. 주요 저서로는 『자치통감(資治通鑑)』이 있다. 죽은 뒤에 온국공(溫國公)에 봉해졌으므로 '사마온공'이라고 불리게 되었다.

*** 명명(冥冥) ― 겉으로 드러나지 아니하고 은미한 모양.

"음덕양보(陰德陽報)"

■ 자신을 드러내지 않고 남몰래 선행을 실천하면 반드시 그 일로 복을 받는다는 뜻이다. 주(周)나라 때의 일이다. 손숙오(孫叔敖)가 어렸을 때 밖에 나가 놀다가 돌아와서는 걱정하며 밥도 먹지 않았다. 그 어머니가 이상히 여겨 까닭을 물으니 손숙오가 울면서 대답했다. "오늘 머리가 둘 달린 뱀을 보았습니다. 옛날부터 이런 뱀을 보면 죽는다고 했으니 곧 저는 죽게 될 것입니다." 어머니가 "그 뱀이 지금 어디에 있느냐?"고 물으니 "그 뱀을 또 다른 사람이 보게 될까 걱정이 되어서 죽였습니다."라고 대답하였다. 그 말을 들은 어머니가 말했다. "남몰래 선행을 하는 사람은 그 보답으로 복을 받는다고 들었다. 네가 그런 생각으로 뱀을 죽인 것은 음덕이므로 너는 죽지 않을 것이다." 과연 그 어머니의 말대로 되었다. 그 후 그는 장성하여 초나라의 영윤(令尹, 영의정)이 되었다.

원한을 맺지 말라

007 넓리 은혜를 베풀어라. 인생, 사람은 살다보면 언젠가는 꼭 다시 만나게 되어 있는지라. 원한을 맺지 말라. 좁은 길에서 만나면 피하기 어려우니라.　　　　〈경행록(景行錄)〉

景行錄*에 曰, "恩義를 廣施하라, 人生何處에 不相逢가. 讐怨을 莫結하라, 路逢狹處면 難回避니라."

▪景 볕 경, 클 경   ▪錄 기록할 록   ▪廣 넓을 광   ▪施 베풀 시
▪逢 만날 봉   ▪讐 원수 수   ▪怨 원망할 원   ▪結 맺을 결
▪狹 좁을 협   ▪回 피할 회   ▪避 피할 피

* 경행록(景行錄) ▬ 중국 송나라 때의 책. 현재는 전하지 않음.

"어디서 무엇이 되어 다시 만나랴"
■ 김광섭의 「저녁에」라는 시의 마지막 연, "이렇게 정다운 /
너 하나 나 하나는 / 어디서 무엇이 되어 / 다시 만나랴."라는
구절이 떠오르지 않는가. 우리말 속담에 "원수는 외나무다리
에서 만난다"는 말은 어떤가.

복과 화(禍)는 천천히 다가온다

008 하루 정도 착한 일을 했다고 해서 복이 금방 찾아오
는 것은 아니지만 화(禍)는 저절로 멀어지게 되느니라. 하
루 정도 나쁜 일을 했다고 해서 화가 금방 닥치는 것은 아
니지만 복은 저절로 멀어지게 되느니라.

착한 일을 하는 사람은 마치 봄 동산의 풀과 같아서 자
라는 모습이 보이지는 않지만 날마다 자라나고, 악한 일을
하는 사람은 마치 칼을 가는 숫돌과 같아서 닳아 없어지는

모습이 눈에 보이지는 않지만 날마다 닳아 없어진다.

〈동악성제(東嶽聖帝)의 수훈(垂訓)〉

東嶽聖帝[*]垂訓^{**}에 曰, "一日行善이라도 福雖未至나 禍自遠矣요, 一日行惡이라도 禍雖未至나 福自遠矣니라. 行善之人은 如春園之草하여 不見其長이나 日有所增하고, 行惡之人은 如磨刀之石하여 不見其損이나 日有所虧니라."

- 嶽 큰 산 악　　· 垂 드리울 수　　· 增 더할 증　　· 磨 갈 마
- 損 덜 손　　· 虧 이지러질 휴

* 동악성제(東嶽聖帝) — 도가(道家)에 속하는 인물. 생몰년과 이름은 미상.

** 수훈(垂訓) — 후세 사람들에게 남기는 교훈.

■ 착한 일을 했다고 해서 그 결과가 당장 나타나는 것은 아니다. 하지만 점점 축적된다면 커다란 결과를 가져온다. 악한 일을 했다고 해서 당장 그 결과가 드러나는 것은 아니다. 하지만 쌓이고 쌓이면 결국은 패망하게 되는 것이다.

먼저 상대방에게 잘하라

009 나를 좋다고 하는 사람에게도 나는 좋게 대할 것이고, 나를 나쁘다고 하는 사람에게도 나는 좋게 대할 것이다. 내가 남에게 나쁜 생각을 갖고 있지 않다면, 남도 나에게 나쁜 생각을 갖지 않을 것이다.　　〈장자(莊子)〉

莊子曰, "於我善者도 我亦善之하고 於我惡者도 我亦善之니라. 我旣於人에 無惡이면 人能於我에 無惡哉인저."

□ "세상만사 뿌린 대로 거두는 법이라."

■『열자(列子)』「황제(黃帝)」에 이런 이야기가 있다. 바닷가에 어떤 사람이 살았는데, 갈매기를 좋아했다. 매일 아침마다 바닷가에 가서 갈매기와 함께 놀았는데, 그에게 날아오는 갈매기 수를 헤아릴 수가 없었다. 그 사람의 아버지가 말하기를, "갈매기들이 모두 너를 따라서 논다고 하니 갈매기를 잡아오너라. 내가 그것을 가지고 놀겠다."라고 하였다. 다음날 바닷가에 가니 갈매기들이 춤을 추면서 내려오지 않았다. 이것은 그에게 갈매기를 잡으려는 기심(機心)이 있었기 때문이다. 내가 하는 만큼 남에게 돌려받는 것이다.

착한 일은 항상 부족한 듯이 여겨라

좋은 일은 망설이지 말고 지체 없이 실천하고, 나쁜 일은 마치 끓는 물을 만진 것처럼 가까이 하지 말라.

〈공자(孔子)〉

子曰, "見善 如不及하고 見不善 如探湯하라."

· 及 미칠 급　　· 探 더듬을 탐　　· 湯 끓인 물 탕

"아는 것만으로는 부족하다. 실천하고 또 실천하라."

■ 본문의 공자 말씀은 『논어』「계씨(季氏)」에 나온다.

■ 『역전(易傳)』에, "자신의 인생을 발전시키는 방법은 선행을 보면 실천하고 허물이 있으면 고치는 것보다 더 좋은 방법은 없다. 선을 보고 실천한다면 온 세상의 선(善)을 다 실천할 수 있게 되고 허물이 있을 경우 고친다면 허물이 없게 되나니, 자신을 발전시키는 방법으로서 이것보다 더 훌륭한 방법이 어디 있겠는가?"(爲益之道, 無若見善則遷, 有過則改也. 見善能遷, 則可以盡天下之善, 有過能改, 則無過矣, 益於人者, 無大於是.)라고 하였다.

하늘의 뜻

天命篇

순리를 따르면 살고 순리를 거스르면 죽는다

하늘의 뜻을 따르는 자는 살아남게 되고, 하늘의 뜻을 거스르는 자는 멸망하게 되느니라. 〈맹자(孟子)〉

孟子*曰, "順天者는 存하고, 逆天者는 亡이니라."

* 맹자(孟子) ── B.C. 372~B.C. 289. 중국 전국시대의 사상가. 이름은 가(軻). 성선설(性善說)을 주장하였으며 공자 이후 유학(儒學)을 부흥시킴. 지금까지는 이 문구가 공자의 말로 알려져 왔으나 성백효(成百曉) 선생의 고증에 따라 맹자의 말로 바꿈(성백효, 『현토완역 명심보감』, 1999, p.15 참조).

■ 본문의 앞뒤 구절을 살펴보면 이러하다. 『맹자』「이루장구상(離婁章句 上)」에 나오는 말이다. "천하에 정도(正道)가 실현될 적에는 소인은 대인에게 부림을 당하고 소현(小賢)은 대현에게 부림을 당한다. 그러나 천하에 정도(正道)가 없게 되면 작은 나라는 큰 나라에게 부림을 당하고 약소국은 강대국에게 부림을 당한다. 이 두 가지는 천리(天理)이니 천리를 순종하는 자는 살아남게 되고 천리를 거스르는 자는 망한다." (孟子曰, "天下有道, 小德役大德, 小賢役大賢, 天下無道, 小役大, 弱役强. 斯二者, 天也, 順天者存, 逆天者亡.") 주희는 "천(天)이

란 이치와 형세상 당연한 것이다"(天者, 理勢之當然也)고 말하
였다.

민중의 목소리가 바로 하늘의 뜻이다

O 12 하늘은 이 세상일에 대하여 모두 다 듣고 있지만 말
하는 경우는 없다. 그러니 창창한 하늘 그 어느 곳에서 하
늘의 뜻을 찾을 것인가. 하늘의 뜻은 저 높은 곳에 있는 것
도 아니며 먼 곳에 있는 것도 아니다. 오로지 민중의 마음
〔人心〕 속에 있을 뿐이다. 〈강절소(康節邵)〉

康節邵*先生이 曰, "天聽이 寂無音하니 蒼蒼何處尋고. 非
高亦非遠이라 都只在人心이니라."

- 康 편안할 강   - 邵 땅이름 소   - 寂 고요할 적   - 蒼 푸를 창
- 尋 찾을 심   - 都 모두 도   - 只 다만 지

* 강절소(康節邵) ＿ 소옹(邵雍, 1011~1077)을 이름. 중국 북송(北宋)
때의 유학자. 강절은 시호임. 소강절(邵康節)이라고도 불림.

해설 하늘은 이 세상 돌아가는 것을 다 알고 있지만 언어나 문
자를 통하여 말하는 경우는 없다. 그러므로 하늘의 뜻을 찾을
수는 없는 것이다. 하늘의 뜻은 먼 곳에 있는 것이 아니다. 하

늘의 뜻이란 바로 인심(人心)이다. 많은 사람들이 잘못되었다
고 하면 그것이 하늘의 뜻인줄 알아야 한다. 모르는 자는 어
리석은 자이다.

■ 『맹자』「만장장구 상(萬章章句 上)」, "태서에 이르기를, '하늘
은 우리 백성들의 눈을 통해서 보며, 하늘은 우리 백성들의
귀를 통해서 듣는다'라고 하였다."(太誓曰, '天視自我民視, 天
聽自我民聽.')

사람 눈은 속여도 귀신의 눈은 속이지 못한다

O 13 사람들 사이에서 오가는 사사로운 말일지라도 하늘
에는 마치 천둥소리처럼 크게 들리고, 남이 볼 수 없는 곳
에서 자신을 속일지라도 귀신의 눈에는 마치 번갯불처럼
환히 보이느니라.　　　　　　　　　　　〈현제(玄帝)의 수훈(垂訓)〉

玄帝*垂訓에 曰, "人間私語라도 天聽은 若雷하고, 暗室欺心
이라도 神目은 如電이니라."

- 雷 우뢰 뢰　　- 暗 어두울 암　　- 欺 속일 기　　- 電 번개 전

* 현제(玄帝)＿＿도가(道家)의 한 사람. 자세한 것은 알 수 없다.

 하늘이란 다름 아닌 남을 가리킨다. 남의 이목을 무서워
할 줄 알아야 한다. 우리말 속담에 "낮말은 새가 듣고 밤 말
은 쥐가 듣는다"는 말과 같다.

하늘은 무심하지 않다

014 나쁜 마음으로 가득 차면 하늘은 반드시 그에게 벌
을 내리느니라.　　　　　　　　　　　　　　〈익지서(益智書)〉

益智書*에 云, "惡鑵이 若滿이면 天必誅之니라."
　▪鑵 두레박 관　　　▪誅 벨 주

* 익지서(益智書) ― 중국 송나라 때에 씌어진 책.

■『서경書經』「주서(周書)·태서상(泰誓上)」, "상(商, 중국 고대
의 은나라)나라의 죄가 가득하므로 하늘이 벌하도록 명하시
어 주벌하게 하시니, 내가 하늘의 뜻을 따르지 않으면 그 죄
가 주왕(紂王)과 같을 것이다."(商罪貫盈, 天命誅之, 予弗順天,
厥罪惟鈞.)

잘못된 명예는 오래가지 못한다

015 좋지 못한 일을 하고도 훌륭한 이름을 얻은 자는 다른 사람이 그를 해치지 않는다 하더라도 하늘이 반드시 벌을 내리느니라. 〈장자(莊子)〉

莊子曰, "若人이 作不善하여 得顯名者는 人雖不害나 天必戮之니라."

- 顯 나타날 현, 드러낼 현　　· 害 해칠 해　　· 戮 죽일 륙

"사필귀정(事必歸正)"
- 무슨 일이든 결국 옳은 이치대로 돌아간다는 뜻의 한자성어. 이와 비슷한 뜻을 가진 말로 '인과응보(因果應報)'와 '종두득두(種豆得豆)' 등이 있다.

노력하는 자에겐 반드시 성공이 뒤따른다

016 오이를 심으면 오이를 얻고 콩을 심으면 콩을 얻는 법이니, 하늘의 그물은 넓고 넓어서 성근 것 같지만 그 어떤 것도 그물 사이로 새지 않게 한다.

種瓜得瓜요 種豆得豆니, 天網이 恢恢하여 疎而不漏니라.

- 種 씨 종　　- 瓜 오이 과　　- 網 그물 망　　- 恢 넓을 회
- 疎 성길 소　　- 漏 샐 루

■ 『도덕경』 73장, "하늘의 그물은 넓고 넓어서 성근 듯하면서도 빠뜨리는 것이 없다."(天網恢恢, 疏而不失.)

하늘에 죄를 지으면 빌 곳이 없다

017 | 나쁜 짓을 하여 하늘에 죄를 지으면 빌 곳이 없게 되느니라.

〈공자(孔子)〉

子曰, "獲罪於天이면 無所禱也니라."

- 獲 얻을 획　　- 禱 빌 도

해설 큰 잘못을 저질러도 인정(人情)엔 통할 수 있으나 하늘, 즉 공적(公的)으로는 통할 수 없다. 많은 사람들이 용서할 수 없는 죄라고 한다면 그것은 어딜 가든 용서 받을 수 없는 죄이다.

■ 본문의 공자 말씀은 『논어』 「팔일편(八佾篇)」에 나온다. "왕

손가가 물었다. '아랫목 신에게 잘 보이기보다는 차라리 부엌 신에게 잘 보이라는 말이 있는데 그 말이 무슨 말입니까?' '그렇지 않다. 하늘에 죄를 지으면 빌 곳이 없다.'"(王孫賈問曰, "與其媚於奧, 寧媚於竈, 何謂也?" 子曰, "不然, 獲罪於天, 無所禱也.")

■ 『묵자(墨子)』「천지하(天志下)」, "지금 사람들은 모두 천하에 처하여 하늘을 섬기고 있는데 하늘에 죄를 지으면 그것으로 부터 도피할 곳은 아무 데도 없다. 그런데도 아무도 서로 경계할 줄을 모른다."(今人皆處天下而事天, 得罪於天, 將無所以避逃之者矣. 然而莫知以相極戒也.)

순리

順命篇

목숨과 부귀는 하늘에 달려 있다

018 일찍 죽거나 오래 사는 것은 운명에 달려 있고, 큰 부자가 되고 아주 귀하게 되는 것은 하늘에 달려 있다.

〈공자(孔子)〉

子曰, "死生이 有命이요 富貴在天이니라."

해설 사람은 누구나 평균 수명은 살게 되어 있다. 그러나 요절하고 장수하는 것은 운명이다. 또, 부지런하면 누구나 다 잘 살 수 있다. 그러나 큰 부자가 되고 아주 귀한 몸이 되는 것 역시 천명(운명), 즉 하늘의 뜻에 달려 있다는 것이다.

■ 본문의 공자 말씀은 『논어』 「안연편(顔淵篇)」에 나온다. "사마우가 말하였다. '다른 사람은 모두 형제가 있는데 나만 없구나.' 자하가 말하였다. '사(死)와 생(生)은 명에 달려 있고 부와 귀는 하늘에 달려 있다고 들었다. 군자가 공경하고 잃음이 없으며, 남과 함께 함에 공손하면서 예의가 있으면 사해(온나라)의 안이 다 형제이니 군자가 어찌 형제가 없음을 걱정하겠는가?'"(司馬牛憂曰, "人皆有兄弟, 我獨亡." 子夏曰, "商聞之矣, 死生有命, 富貴在天. 君子敬而無失, 與人恭而有禮, 四海之內, 皆兄弟也, 君子何患乎無兄弟也?")

자신의 분수를 알라

019 | 모든 일에는 이미 분수가 정해져 있다. 그런데도 세
상 사람들은 부질없이 바삐 움직이고 있구나.

萬事 分已定이어늘 浮生 空自忙이니라.
- 浮 뜰 부, 덧없을 부   - 空 부질없을 공   - 忙 바쁠 망

■ 김삿갓(金炳淵, 1807∼1863)의 시에 본문과 비슷한 구절이
  있어 소개한다. "세상만사 이미 정해져 있거늘, 뜬 구름같이
  덧없는 인생 공연히 서두르네."(萬事皆有定, 浮生空自忙.)
■ 『주문공시유집(朱文公詩遺集)』에도, "밭가는 소에게는 묵은
  풀이 없건만 창고의 쥐에게는 남은 식량이 있네. 모든 일은
  이미 분수가 정해져 있는 것이건만 덧없는 인생은 부질없이
  스스로 바쁘구나."(耕牛無宿草, 倉鼠有餘粮. 萬事分已定, 浮生
  空自忙.)라는 시가 보인다.

요행을 바라지 말라

020 | 화(禍)는 요행으로는 면할 수 없고, 복은 두 번 다시

바라서는 안 되느니라.　　　　　　　　　　　〈경행록(景行錄)〉

景行錄에 云, "禍 不可倖免이요 福 不可再求니라."
▪倖 요행 행　　▪免 면할 면　　▪再 거듭 재　　▪求 구할 구

해설 인생을 요행으로 살지 말라.

"요행은 천성을 그르치는 무서운 도끼"
▪『한시외전(韓詩外傳)』에, "요행(僥倖)을 바라는 것은 천성을 그르치는 무서운 도끼와 같다"(徼幸者, 伐性之斧也.)라는 말이 있다.

모든 것은 때가 있다

02 ┃ 때가 오니 바람이 등왕각(滕王閣)*으로 불고,** 운이 따르지 않으니 벼락이 천복비(薦福碑)***에 떨어지는구나.****

時來에 風送滕王閣이요, 運退에 雷轟薦福碑라.
▪送 보낼 송　　▪滕 물 솟을 등　　▪閣 누각 각　　▪轟 울릴 굉
▪薦 천거할 천, 드릴 천　　▪碑 비석 비

* 등왕각(滕王閣) ▁▁ 중국 양자강 유역 남창(南昌)에 있는 누각.

34

** 때가 오니 바람이 등왕각(滕王閣)으로 불고 ▁▁ 당나라 시인 왕발
(王勃)이 어느 날 꿈을 꾸었다. 꿈속에 백발의 노인이 나타나 말하
기를 "이틀 후에 남창의 등왕각 낙성식 연회가 있으니 그 연회에
참석하여 시를 지으면 장원이 될 것이다."라고 하였다. 꿈이 하도
신기하여 왕발은 그 길로 나룻가로 나갔다. 마침 배가 1척 있어서
올라타자 때마침 불어오는 바람을 타고 하룻밤 사이에 700여 리나
떨어져 있는 남창의 등왕각에 닿았다. 당대의 내로라하는 문장가들
이 모두 모여들어 글을 지었지만 노인의 말대로 20세에 불과한 왕
발이 장원으로 뽑혀서 전국에 문장가로서 이름을 날리게 되었다고
한다.

*** 천복비(薦福碑) ▁▁ 중국 강서성 천복사(薦福寺)에 있는 비(碑). 복
을 비는 비석이라는 뜻.

**** 벼락이 천복비(薦福碑)에 떨어지는구나 ▁▁ 매우 재수 나쁜 사
람의 이야기. 가난한 선비가 있었다. 어떤 권문세가에게서 몇 천 리
밖에 있는, 명필 구양순(歐陽詢, 557~641)이 쓴 천복비의 비문을
탁본해 주면 크게 후사하겠다는 말을 듣고 그야말로 고생고생하며
수천 리를 달려갔으나 그날 밤 운이 없게도 그만 천복비에 벼락이
떨어져 비가 깨지는 바람에 탁본은커녕 빈손으로 돌아올 수밖에 없
었다는 것이다. 운이 따라 주지 않은 것이다.

운명은 타고나는 것이다

022 어리석고 귀먹고 벙어리라도 호화로운 집에서 살고

있는 사람이 있는가 하면, 지혜롭고 총명해도 가난한 집에서 살고 있는 사람이 있다. 인간의 팔자는 태어날 때부터 정해져 있는 것, 생각해 보면 운명은 하늘에 달려 있는 것이지 사람에게 달려 있는 것이 아니니라. 〈열자(列子)〉

列子*曰, "痴聾瘖啞도 家豪富요, 智慧聰明도 却受貧이라. 年月日時**該載定하니, 算來由命不由人이라."

- 痴 어리석을 **치**　　- 聾 귀먹을 **롱**　　- 瘖 벙어리 **음**　　- 啞 벙어리 **아**
- 豪 호화로울 **호**　　- 慧 지혜 **혜**　　- 聰 귀 밝을 **총**　　- 却 도리어 **각**
- 該 모두 **해**　　- 載 비로소 **재**

* 열자(列子) __ ?~?. 중국 전국시대 초기의 사상가. 이름은 어구(禦寇). 저서에 『열자』가 있다.
** 연월일시(年月日時) __ 팔자·운명을 말함. 팔자(八字)를 다른 말로 사주팔자(四柱八字)라고도 한다. 사람이 태어난 '연월일시(年月日時)'를 '네 기둥〔四柱〕'으로 하고, 이것을 간지로 나타내면 두 글자씩 여덟 자가 되므로 사주팔자라는 말이 사람의 한평생의 운수를 가리키는 말이 된 것임.

효 행

孝行篇

부모님의 은혜는 끝이 없어라

023 | 아버님 나를 낳으시고 어머님 나를 기르셨으니, 아
아, 부모님이시여! 저를 낳아 기르시느라 얼마나 애쓰셨습
니까. 그 깊고 깊은 은혜를 갚고자 하나 하늘처럼 커서 끝
이 없습니다.

〈시경(詩經)〉

詩*에 曰, "父兮生我하시고 母兮鞠我하시니, 哀哀父母여 生
我劬勞샷다. 欲報深恩인댄 昊天罔極이로다."
- 兮 어조사 혜　　· 鞠 기를 국　　· 哀 슬플 애　　· 劬 힘쓸 구
- 勞 수고로울 로　· 昊 하늘 호　　· 罔 없을 망　　· 極 다할 극

* 시(詩) ── 유교의 삼경(三經 : 시경, 서경, 주역)의 하나인 『시경』을
말함. 주초(周初)부터 춘추(春秋) 초기까지의 시 305편이 수록되어
있다.

"갚을 길 없는 부모님의 은혜"
- 본문의 시는 『시경』「소아(小雅)·소민지십(小旻之什)·륙아
(蓼莪)」에 나온다.
- 부모님의 은혜를 노래한 시조 두 편을 감상해 보자. 첫 번째
는 주세붕(周世鵬, 1495~1554)의 「오륜가」 6수 가운데 2번째
수이고, 두 번째는 정철(鄭澈, 1536~1593)의 「훈민가」 16수
가운데 1번째 수이다.

아버님이 날 낳으시고 어머님이 나를 기르시니
부모님이 아니셨더라면 이 몸이 없었을 것이다
이 덕을 갚고자 하니 하늘같이 끝이 없구나

아버님이 나를 낳으시고 어머님이 나를 기르시니
두 분이 아니셨다면 이 몸이 살 수 있었을까
이 하늘 같은 은혜를 어떻게 다 갚을까

부모님을 받들 적에는 정성을 다하라

024 | 부모님을 섬길 적에는 다음과 같이 해야 한다. 부모님이 거처하실 적에는 극진히 공경해야 하고, 부모님을 봉양할 적에는 극진히 즐겁게 해야 하고, 부모님이 병드시면 혼신을 다하여 걱정해야 하며, 부모님이 돌아가시게 되면 극진히 슬퍼해야 하며, 제사를 올릴 적에는 엄숙해야 하는 것이니라.

〈공자(孔子)〉

子曰, "孝子之事親也는 居則 致其敬하고 養則 致其樂하고
病則 致其憂하고 喪則 致其哀하고 祭則 致其嚴이니라."

■ 본문의 공자 말씀은『효경』「기효행(紀孝行)」에 나온다. 본문
의 말씀에 이어지는 글은 다음과 같다. "이 다섯 가지가 갖추
어진 뒤에야 부모님을 잘 섬긴다고 할 수 있다. 부모님을 잘
섬기는 자는 윗자리에 있어도 교만하지 않고, 아랫사람이 되
어서는 반란을 일으키지 않으며, 동료들 간에 다투지 않는다.
윗자리에 있으면서 교만하면 결국 망하게 되고, 아랫사람이
되어서 반란을 일으키면 형벌을 받게 되고, 동료들 간에 다투
면 싸움을 일으키게 된다. 이 세 가지를 없애지 못한다면 비
록 날마다 소·양·돼지의 세 종류의 짐승을 잡아서 봉양한
다고 하더라도 오히려 불효가 될 것이다."(五者備矣然後能事
親. 事親者, 居上不驕, 爲下不亂, 在醜不爭. 居上而驕則亡, 爲下
而亂則刑, 在醜而爭則兵. 三者不除, 雖日用三牲之養猶爲不孝也.)
■『맹자』「이루장구상(離婁章句上)」, "섬기는 일 중에 무엇이
가장 중요한가? 어버이를 섬기는 일이다. 지키는 일 중에 무
엇이 가장 중요한가? 자신을 지키는 것이다. 자신의 지조를
잃지 않고서 그 어버이를 잘 섬긴 사람에 대해선 들어 보았
지만, 스스로 의(義)에 어긋난 짓을 하고서 그 어버이를 잘 섬
긴 사람에 대해선 듣지 못했다."(孟子曰, "事, 孰爲大? 事親爲
大. 守, 孰爲大? 守身爲大. 不失其身而能事其親者, 吾聞之矣, 失
其身而能事其親者, 吾未之聞也.")

자식에 대한 부모의 걱정은 끝날 날이 없다

025 부모님이 살아 계실 적에는 너무 먼 곳에 가지 말 것이며, 만일 먼 곳으로 갈 일이 있게 되면 반드시 가는 곳을 말씀드려야 하느니라. 〈공자(孔子)〉

子曰, "父母在어시든 不遠遊하며 遊必有方이니라."

해설 자식이 아무리 나이가 많아도 부모 눈에는 늘 어린아이로 보이게 마련이다. 먼 곳이나 이국(異國)으로의 여행은 때론 많은 위험이 뒤따른다. 그러므로 부모는 더 걱정을 한다. 어디를 가든지 반드시 행선지를 알려야 하는 것이 자식의 도리이다. 부모님이 걱정하시기 때문이다.

"외출할 때는 반드시 가는 곳을 아뢰고, 돌아와서는 반드시 뵙고 인사 여쭈어라"(出必告 反必面)
- 본문의 공자 말씀은 『논어』「이인(里仁)」에 나온다.
- 『예기』「곡례상(曲禮上)」, "무릇 자식된 자는 외출할 때는 반드시 부모님께 가는 곳을 말씀드려야 하고, 외출하고 돌아와서는 반드시 부모님께 얼굴을 보여야 한다. 노는 데는 반드시 일정한 곳이 있어야 하고, 배우는 것은 반드시 일정한 학업이 있어야 하며, 항상 조심할 것은 자신을 가리켜 늙은이라고 말해서는 안 된다."(夫爲人子者, 出必告, 反必面, 所遊必有常, 所

翌必有業. 恒言不稱老.)

■ 또, '의려지망(倚閭之望)'이라는 고사성어도 있다. 부모가 자식을 기다리는 간절한 마음을 '의문지망(依門之望)' 혹은 '의려지망(倚閭之望)'이라고 하는데,『전국책』에 그 이야기가 실려 있다. 왕손가(王孫賈)의 어머니가 "네가 아침에 나갔다가 늦도록 돌아오지 않으면 나는 문에 기대어 기다리고(汝朝出而晚來, 則吾倚門而望), 네가 저물녘에 나갔다가 돌아오지 않으면 나는 동구 밖에 나가 기다린다(汝暮出而不還, 則吾倚閭而望)"라고 한 데서 유래한 말이다.

부모님이 부르시면 속히 대답해야 한다

026 | 부모님께서 부르시면 머뭇거리지 말고 속히 "예" 하고 대답해야 하며, 만일 입 속에 음식이 있거든 속히 뱉고 달려가야 하느니라. 〈공자(孔子)〉

子曰, "父命召어시든 唯*而不諾**하고 食在口則吐之니라."
▪ 召 부를 소　　▪ 唯 빨리 대답할 유　　▪ 諾 느리게 대답할 낙
▪ 吐 토할 토

* 유(唯) ── 우리말 "예"와 같다. 공손하게 속히 대답하는 것.
** 낙(諾) ── 역시 "예"와 같으나 천천히 대답하는 것. 공손하지 못한

대답. 또는 대답만 하고 행하여 움직이지 않는 것.

 부모님이 부르시는데도 한참 있다가 대답하는 것은 부모를 업신여기는 행동이다. 혹, 입 속에 음식물이 들어 있더라도 얼른 뱉고 대답해야 한다. 만일 뱉을 수 없다면 "잠깐만요" 하는 정도는 되어야 하지 않을까? 설사 부모가 아닌 그 누구에게라도 이 정도의 예의는 갖추어야 한다.

"바로 대답하고 달려가라"(唯而趨之)

▥ 『사자소학』, "부모님께서 부르시거든 빨리 대답하고 달려가거라."(父母呼我, 唯而趨之.)

▥ 『예기』 「옥조(玉藻)」, "부모님께서 부르시면 속히 공손히 대답하여야지 들은 척 만 척 천천히 대답해서는 안 된다. 만약 일을 하고 있을 때에는 하고 있던 일을 급히 놓고 달려가야 하며, 음식이 입에 있을 때에는 얼른 뱉고 달려가야 한다. 부모님이 연세 드신 후에는 외출한 후에 목적지를 바꾸어서는 안 되며, 귀가 시간이 늦지 않도록 해야 한다. 또 부모님이 병환으로 몸져누우신 동안에는 자식으로서 얼굴에 걱정하는 빛이 떠나서는 안 된다. 이상은 효자가 항상 마음에 간직하고 있어야 하는 것이다."(父命呼, 唯而不諾, 手執業則投之, 食在口則吐之, 走而不趨. 親老, 出不易方, 復不過時. 親瘠, 色容不盛. 此孝子之疏節也.)

자식은 부모를 닮는다

027 내가 부모님께 효도하면 내 자식 역시 효도하게 되리니, 내가 부모에게 효도하지 않고서 어찌 내 자식이 나에게 효도하기를 바라겠는가. 〈태공(太公)〉

太公이 曰, "孝於親이면 子亦孝之하나니, 身旣不孝면 子何孝焉이리오."

■ 우리말 속담에, "부모가 온 효자가 되어야 자식이 반 효자"라는 말이 있다.

효성스런 사람은 효성스런 자식을 낳는다

028 부모님의 말씀을 따르는 사람은 효성스런 자식을 낳게 되고, 부모님의 말씀을 거역하는 자는 불효한 자식을 낳게 된다. 믿지 못하겠거든 저 처마 끝에서 떨어지는 빗물을 보라. 항상 일정한 곳에 떨어질 뿐 한 번도 다른 곳에

떨어지는 적이 없느니라.

孝順은 還生 孝順子요 忤逆은 還生 忤逆兒하나니, 不信커든
但看簷頭水하라. 點點滴滴不差移니라.
- 還 또 환   - 忤 거스를 오   - 簷 처마 첨   - 滴 물방울 떨어질 적
- 差 어그러질 차   - 移 옮길 이

*이것은 누가 한 말인지 알 수 없다. 아마 예부터 전해오는 말
 일 것이다. 아니면 이 책『명심보감』의 편자일 것이다.

자신을 올바르게

正己篇

남의 장단점을 자신의 거울로 삼아라

029 남의 좋은 점을 발견하게 되면 나에게도 좋은 점이 있는지 찾아볼 것이며, 남의 나쁜 점을 발견하게 되면 나에게도 나쁜 점이 있는지 찾아볼지니라. 이와 같이 해야만 비로소 진전(발전)이 있게 될 것이다.　　〈성리서(性理書)〉

性理書*에 云, "見 人之善이어든 而尋 己之善하고, 見 人之惡이어든 而尋 己之惡이니, 如此면 方是有益이니라."

* 성리서(性理書) ─ 중국 송대의 성리학에 관한 책.

■ 『논어』「술이(述而)」, "세 사람이 길을 갈 경우 그 가운데 반드시 나의 스승이 있나니, 착한 자를 택하여 따르고 착하지 못한 자를 가려서 자신의 잘못을 고치도록 하라."(三人行, 必有我師焉, 擇其善者而從之, 其不善者而改之.)

대장부는 남을 용서할 줄 알아야 한다

030 | 대장부라면 남을 용서할지언정 남에게 용서를 받는 사람이 되지 말라. 〈경행록(景行錄)〉

景行錄에 云, "大丈夫 當容人이언정 無 爲人所容이니라."

"무력으로도 굴복시킬 수 없는 사람"

『맹자』 「등문공장구하(滕文公章句下)」에, 경춘(景春)이 공손연(公孫衍)과 장의(張儀)를 예로 들어 그들은 진정한 대장부(大丈夫)라고 평했다. 그러나 맹자는 진정한 대장부는 어떤 사람인가에 대하여 다음과 같이 설명하였다. "대장부라면 모름지기 천하의 넓은 곳에 살며, 천하의 바른 자리에 서며, 천하의 큰 도를 행하여야 하오. 만일 뜻을 이루면 백성과 더불어 정도를 실천하고 뜻을 얻지 못하면 홀로 그 정도(正道)를 실천하여, 부하고 귀하여도 교만하지 않고, 가난하고 천하여도 지조를 잃지 않으며, 위엄과 힘을 가지고도 지조를 굽히게 할 수 없는, 그런 사람이야말로 대장부라 한다."(居天下之廣居, 立天下之正位, 行天下之大道, 得志, 與民由之, 不得志, 獨行其道. 富貴不能淫, 貧賤不能移, 威武不能屈, 此之謂大丈夫.) 여기에서 맹자는 변설로 천하를 누비는 종횡가들을 남편의 비위나 맞추는 교활한 첩에 비유해 통렬히 비난하였다.

남을 존중하라

031 자신을 귀하게 여기고 남을 천하게 여기지 말 것이며, 자신이 강대하다고 해서 약한 자를 업신여기지 말 것이며, 자신의 용맹을 믿고서 적을 가볍게 여기지 말지니라.

〈태공(太公)〉

太公曰, "勿以貴己而賤人하고, 勿以自大而蔑小하고, 勿以恃勇而輕敵하라."

- 賤 업신여길 천
- 蔑 업신여길 멸
- 恃 믿을 시
- 輕 깔볼 적
- 敵 적수 적

남의 허물을 말하지 말라

032 남의 허물을 듣거든 마치 자기 부모의 이름을 듣는 것처럼 생각하라. 그리하여 귀로는 들을지언정 입으로는 말하지 말지니라.

〈마원(馬援)〉

馬援이 曰, "聞人之過失이어든 如聞父母之名하여 耳可得聞이언정 口不可言也니라."

 옛적에는 부모의 이름을 함부로 부를 수 없었다. 그것은 불효였다. 친구 부모의 이름은 물론 스승이나 임금의 이름도 부를 수 없었다. 부득이 자기 부모의 이름을 불러야 할 때는 "○字, ○字입니다"라고 말했다. 이것을 '휘(諱)'라고 한다. '꺼리다', '조심하다'라는 뜻이다.

남이 나를 헐뜯어도 화내지 말라

033 | 남이 나를 헐뜯어도 화내지 말며, 남이 나를 칭찬해도 기뻐하지 말며, 남의 악행을 들어도 동조하지 말며, 남의 선행을 듣거든 칭찬하고 기뻐하라. 이런 시(詩)가 있느니라.

"착한 사람 보기를 즐겨하며, 착한 일 듣기를 즐겨하며, 착한 말 하기를 즐겨하며, 착한 뜻 행하기를 즐겨하라. 남의 나쁜 점을 듣거든 마치 가시를 등에 진 것처럼 여길 것이며, 남의 좋은 점을 듣거든 난초를 몸에 지닌 것처럼 여길지니라."

〈강절소(康節邵)〉

康節邵 先生이 曰, "聞人之謗이라도 未嘗怒하며, 聞人之譽

라도 未嘗喜하며, 聞人之惡이라도 未嘗和하며, 聞人之善이면 則就而和之하고 又從而喜之하라.

其詩에 曰, '樂見善人하며 樂聞善事하며 樂道善言하며 樂行善意하고, 聞人之惡이어든 如負芒刺하고, 聞人之善이어든 如佩蘭蕙하라.'"

- 謗 비방할 방　　- 譽 기릴 예　　- 就 나아갈 취　　- 負 짐질 부
- 芒 가시 망　　- 刺 가시 자　　- 佩 찰 패　　- 蘭 난초 란
- 蕙 혜초 혜

나의 단점을 말하는 자가 바로 나의 스승이다

034 | 나를 좋다고 말하는 사람은 나에겐 해로운 사람이고, 나를 나쁘다고 말하는 사람은 나에겐 스승이 되느니라.

道 吾善者는 是吾賊이요, 道 吾惡者는 是吾師니라.

- 道 말할 도　　- 賊 해칠 적　　- 師 스승 사

해설 칭찬은 우선 듣기는 좋지만 자만심을 갖게 한다. 비판은 듣기는 싫지만 겸허하게 받아들이면 자신에게 이롭다. 그러므로 칭찬하거나 아부하는 자를 조심하라. 특히 소인(小人)은 더욱더 칭찬과 아부를 조심한다.

□ "좋은 약은 입에 쓰다"

■ 『사기(史記)』「유후세가(劉侯世家)」에 이런 이야기가 있다. 유방이 항우보다 앞서 진나라의 도읍 함양에 입성했다. 유방은 진나라 왕 자영(子嬰)에게 항복을 받고 왕궁으로 들어갔다. 궁중에는 온갖 보배와 아름다운 궁녀들이 잔뜩 있었다. 유방은 마음이 동하여 그대로 궁중에 머물려고 했다. 이때 용장 번쾌가 충간하였으나 유방은 들으려고 하지 않았다. 이번에는 장량이 간했다. "진나라가 무도하였기 때문에 패공(유방)께서 이곳에 들어오실 수가 있었습니다. 천하를 위해 잔적을 제거하려면 마땅히 검소함을 바탕으로 삼아야 합니다. 그런데 진나라에 들어온 이제 바로 그 즐거움을 편안히 누리려 하신다면 이는 하(夏)의 걸(桀)왕과 다를 바가 없습니다. 원래 충언은 귀에는 거슬리나 행실에는 이롭고(忠言逆於耳, 而利於行), 독한 약은 입에는 쓰나 병에는 이롭다(毒藥苦於口, 而利於病)라고 하였습니다. 부디 번쾌의 간언을 들으시옵소서." 이 말을 들은 유방은 불현듯 깨닫고 왕궁을 물러나 패상(覇上)으로 환군하였다.

■ 『공자가어(孔子家語)』「육본(六本)」에도 이와 같은 말이 실려 있다. "좋은 약은 입에는 쓰지만 병에는 이롭고, 충언은 귀에는 거슬리지만 행실에는 이롭다. 은 탕왕은 간언하는 충성스런 신하가 있었기 때문에 번창하였고, 하 걸왕과 은 주왕은 아첨하는 신하들만 있었기 때문에 멸망했다. 임금이 잘못하면 신하가, 아비가 잘못하면 아들이, 형이 잘못하면 동생이, 자신이 잘못하면 친구가 간언해야 한다. 그렇게 하면 나라에

는 위태롭거나 멸망하는 일이 없으며, 집안에는 덕을 거스르
는 악행이 없으며, 친구간의 사귐에는 끊임이 없을 것이다."

부지런하고 신중해야 한다

035 부지런함은 값으로 헤아릴 수 없는 보배요, 신중함
은 자신을 보호하는 증명서이다.　　　　　　　　　〈태공(太公)〉

太公이 曰, "勤 爲無價之寶요 愼 是護身之符니라."
　▪勤 부지런할 근　　▪價 값 가　　▪愼 삼갈 신　　▪護 보호할 호
　▪符 부신 부

욕심을 갖지 말라

036 삶을 보존하고자 하는 자는 욕심을 멀리해야 하고,
몸을 보존하고자 하는 자는 명예를 멀리해야 한다. 욕심을
멀리하기란 그래도 쉽지만 명예를 멀리하기란 어렵다.
　　　　　　　　　　　　　　　　　　　〈경행록(景行錄)〉

景行錄에 曰, "保生者는 寡慾하고 保身者는 避名이니, 無慾

은 易나 無名은 難이니라."

▪保 지킬 보   ▪寡 적을 과   ▪避 피할 피   ▪易 쉬울 이

해설 욕심과 욕망이 많은 사람은 그 목적을 달성하고자 고심하다가 일찍 병들어 죽게 된다. 또 명예를 너무 좋아하면 앞뒤 분간도 못하고 정쟁(政爭)에 휘말려 죽게 된다. 재물에 대한 욕심과 명예욕, 그중에서도 명예욕을 억제하기가 더욱 어려운 것이다. 적당한 명예욕은 좋지만 지나친 명예욕은 자신을 망치게 한다.

늙음에 이르러 탐욕하지 말라

037
군자(君子)*는 세 가지 조심해야 할 것이 있다. 청소년 시절에는 혈기가 아직 안정되지 않았기 때문에 여자를 조심해야 하고, 장성해서는 바야흐로 혈기가 강성하기 때문에 싸움을 조심해야 하고, 늙어서는 혈기가 쇠약하기 때문에 탐욕을 조심해야 하느니라.　　　　　〈공자(孔子)〉

子曰, "君子有三戒하니 少之時엔 血氣未定이라 戒之在色하고, 及其壯也하얀 血氣方剛이라 戒之在鬪하고, 及其老也

하얀 血氣旣衰라 戒之在得이니라.”

- 戒 경계 계　　- 壯 장성할 장　　- 剛 굳셀 강　　- 鬪 싸울 투
- 衰 쇠할 쇠

* 군자(君子) ＿ ‘군자’란 덕망이 높은 사람(有德者), 벼슬이 높은 사람(有位者), 선비, 학자 등등을 이르는 말이다.

해설 청소년기에는 체력을 단련하여 강하게 만들어야 한다. 그런데 여자에 빠지면 체력이 허약해질 수밖에 없다. 또, 장성해서는 싸움을 조심해야 한다. 크게 다치기 때문이다. 50이후에는 욕심을 적게 가져야 한다. 욕심이 많으면 건강을 잃는다. 한자어로는 ‘노탐(老貪)’이라고 한다.

- 본문의 공자 말씀은 『논어』「계씨(季氏)」에 나온다.

슬픔과 기쁨에 동요하지 말라

038
성냄이 심하면 기운을 상하게 하고, 생각을 많이 하면 정신을 상하게 한다. 정신이 피곤하면 마음이 고달파지고 기운이 약하면 병이 생기게 된다. 지나치게 슬퍼하거나 기뻐하지 말고, 음식을 고르게 섭취할 것이며, 밤늦게까지

술에 취하도록 마시지 말며, 무엇보다도 새벽에 성내지 말
지니라.

〈손진인(孫眞人)의 양생명(養生銘)〉

孫眞人[*]養生銘^{**}에 云, "怒甚偏傷氣요 思多太損神이라. 神
疲心易役이요 氣弱病相因이라. 勿使悲歡極하고 當令飲食
均하며 再三防夜醉하고 第一戒晨嗔하라."

- 偏 치우칠 편
- 傷 상할 상
- 損 덜 손
- 疲 피곤할 피
- 役 부릴 역
- 悲 슬플 비
- 歡 기뻐할 환
- 均 고를 균
- 防 막을 방
- 醉 취할 취
- 晨 새벽 신
- 嗔 성낼 진

* 손진인(孫眞人) ― '손(孫)'은 성(姓), '진인(眞人)'은 보통 도가에서
도를 얻은 사람을 가리키는데 여기서는 양생술을 닦아 신선이 된
사람을 가리킨다. 손진인이 누구인지 자세한 것은 알 수 없다.
** 양생명(養生銘) ― 몸과 마음을 건강하게 하고 생명을 오래도록
보존하는 것을 양생이라고 한다. '명(銘)'은 좌우명과 같은 의미이
다.

『동의보감』에 실린 양생법 몇 가지를 소개한다.
■ 태을진인(太乙眞人)의 칠금문(七禁文)에 이렇게 씌어 있다.
"첫째, 말을 적게 하여 속에 있는 기운을 보양하고〔少言語養
內氣〕, 둘째, 색욕(色慾)을 경계(警戒)하여 정기(精氣)를 보양
하고〔戒色慾養精氣〕, 셋째, 기름기 있는 음식을 삼가서 혈기
(血氣)를 보양하고〔薄滋味養血氣〕, 넷째, 침을 삼켜서 오장의

자신을 올바르게(正己篇) 57

기운을 보양하고〔嚥精液養藏氣〕, 다섯째, 성냄을 삼가서 간기
(肝氣)를 보양하고〔莫嗔怒養肝氣〕, 여섯째, 맛있는 음식을 먹
어서 위기(胃氣)를 보양하고〔美飮食養胃氣〕, 일곱째, 생각이나
걱정을 적게 하여 심기(心氣)를 보양해야 한다〔少思慮養心
氣〕. 사람은 기(氣)에 의해서 살고 기(氣)는 신(神)으로 인해
왕성(旺盛)해지니, 기(氣)를 보양하고 신(神)을 온전하게 하면
진도(眞道)를 얻을 수 있다. 모든 것 중에 원기(元氣)를 보전
(保全)하는 것이 가장 우선이 된다.”

- 갈선옹의 『청정경』에 이르기를, “배고픈 뒤에 음식을 먹지
  말며, 음식을 먹어도 너무 배불리 먹지 말아야 한다. 또 목마
  른 뒤에 물을 마시지 말고, 물을 마셔도 지나치게 마시지 말
  아야 한다”라고 하였다.(葛仙翁淸靜經曰,……不欲極飢而食, 食
  不可過飽, 不欲極渴而飮, 飮不欲過多.)

- 상진자의 『양생문』에 이르기를, “술을 많이 마시면 혈기가
  문란해지며, 기름기 없는 음식을 먹으면 정신이 자연히 안정
  된다.”라고 하였다.(常眞子養生文曰, 酒多血氣皆亂, 味薄神魂自
  安.)

음식은 담백하게, 마음은 깨끗하게 하라

039 담백한 음식은 정신을 맑게 하고, 깨끗한 마음은 잠
자리를 편안하게 하느니라.　　　　　　　　　〈경행록(景行錄)〉

景行錄에 曰, "食淡精神爽이요 心淸夢寐安이니라."
▪淡 맑을 담   ▪爽 상쾌할 상   ▪夢 꿈 몽   ▪寐 잘 매

공자의 음식 먹는 법

■『논어』「향당편(鄕黨篇)」에, (공자께서는) "고기가 비록 많으나 밥 기운을 이기게 드시지 않으셨으며, 술은 일정한 양이 없으셨는데 어지러운 지경에 이르지 않게 하셨다.……음식을 많이 드시지 않으셨다."(肉雖多, 不使勝食氣. 唯酒無量, 不及亂.……不多食.)

배우기 이전에 올바른 마음을 가져라

040 올바른 마음으로 타인이나 사물을 대한다면 비록 많이 배우지는 못했다고 하더라도 덕 있는 군자라고 할 수 있다.

定心應物하면 雖不讀書라도 可以爲有德君子니라.
▪應 응할 응

욕망과 분노는 자신을 망친다

041 끓어오르는 분노 억제하기를 마치 타오르는 불 끄
듯이 하고, 욕심 억제하기를 쏟아지는 물 막듯이 할지니라.

〈근사록(近思錄)〉

近思錄*에 云, "懲忿을 如救火하고, 窒慾을 如防水하라."

▪懲 징계할 징   ▪忿 분할 분   ▪救 도울 구   ▪窒 막을 질

* 근사록(近思錄) ── 중국 송나라 때 주희(朱熹, 1130～1200)와 그의
친구 여조겸(呂祖謙, 1137～1181)이 함께 지은, 신유학의 생활 및
학문 지침서. 주돈이(周敦)·정호(程顥)·정이(程頤)·장재(張載) 등
네 학자의 글에서 학문의 중심 문제들과 일상생활에 요긴한 부분들
을 뽑아 편집하였다. '근사(近思)'란 『논어』의 "배우기를 널리 하고,
뜻을 독실히 하며, 절실하게 묻고, 현실에 필요한 것을 생각하면 인
은 그 가운데 있다"(博學而篤志, 切問而近思, 仁在其中矣)라는 구절
에서 따온 것이다.

자신의 건강은 이렇게 관리하라

042 여성(이성)을 멀리하고, 찬바람을 조심하라. 또한 빈
속에는 차를 마시지 말고(위장을 훑기 때문임) 밤에는 음

식을 적게 먹어야 하느니라.　　　　　　　　　〈이견지(夷堅志)〉

夷堅志*에 云, "避色을 如避讐하고 避風을 如避箭하라. 莫喫空心茶하고 少食中夜飯하라."

- 夷 오랑캐 이　　- 堅 굳을 견　　- 避 피할 피　　- 讐 원수 수
- 箭 화살 전　　- 喫 먹을 끽　　- 飯 밥 반

* 이견지(夷堅志) ＿ 중국 송나라 때 홍매(洪邁, 1123～1202)가 엮은 설화집.

쓸데없는 말과 급하지 않은 일은 하지 말라

043 ｜ 쓸데없는 말과 급하지 않은 일은 하지 말라.

〈순자(荀子)〉

荀子*曰, "無用之辯과 不急之察을 棄而勿治하라."

- 辯 말 잘할 변　　- 察 살필 찰　　- 棄 버릴 기

* 순자(荀子) ＿ B.C. 298?～238? 전국시대 말기의 사상가. 성은 순(荀), 이름은 황(況). 유가(儒家)의 실천 도덕을 바탕으로 하면서도 한층 합리적이며, 유가 사상의 여러 유형을 지양하여 체계적으로 종합하였다는 평을 받고 있다.

■ 본문의 글은 『순자』「천론(天論)」에 나온다. "전해오는 말에, '만물의 기괴한 일에 대하여 적어두기는 하되 설명은 하지 않는다'고 하였다. 불필요한 변론이나 급하지 않은 일에 대한 관찰은 내버려두고 다스리지 않지만 군신간의 의리, 부자간의 친함, 부부간의 유별 등에 대해서는 날마다 부지런히 갈고 닦으며 버리는 일이 없다."(傳曰, 萬物之怪, 書不說, 無用之辯, 不急之察, 棄而不治. 若夫君臣之義, 父子之親, 夫婦之別, 則日切瑳而不舍也.)

■ 『한비자(韓非子)』「외저설좌상(外儲說左上)」, "군주가 되어 쓸데없는 말이 많고 본받을 만한 훌륭한 말이 적으면 이것이 곧 망국의 원인이 된다."(人主多無用之辯, 而少無易之言, 此所以亂也.)

남의 말을 추종하지 말고 자신의 안목을 가져라

044 많은 이들이 다 좋은 사람이라고 말하더라도 그것이 사실인지 반드시 살펴보아야 하며, 많은 이들이 다 나쁜 사람이라고 말하더라도 반드시 그것이 사실인지 살펴보아야 하느니라.

〈공자(孔子)〉

子曰, "衆이 好之라도 必察焉하며, 衆이 惡之라도 必察焉이니
라."

▪衆 무리 중   ▪惡 미워할 오

■ 본문의 공자 말씀은 『논어』 「위령공(衛靈公)」에 나온다.

술과 금전을 거래해 보면 사람을 알 수 있다

045 술 취한 가운데에서도 함부로 말하지 않는 것이 참
다운 군자요, 재물에 대하여 분명히 하는 사람이 대장부니
라.

酒中不語는 眞君子요, 財上分明은 大丈夫니라.

복은 너그러움에서 온다

046 모든 일을 너그럽게 대하면 복은 저절로 쌓이게 되
느니라.

萬事從寬이면 其福이 自厚니라.
　▪寬 너그러울 관　　▪厚 두터울 후

남을 평가하기 전에 먼저 자신을 헤아려 보라

047 다른 사람을 헤아리기에 앞서 먼저 자기 자신을 헤아려 보라. 남을 헐뜯는 말은 도리어 자기 자신을 해치게 된다. 마치 남에게 피를 뿜으려고 할 경우, 먼저 자신의 입이 더러워지는 것과 같은 것이다. 〈태공(太公)〉

太公이 曰, "欲量他人인대 先須自量하라. 傷人之語는 還是自傷이니, 含血噴人이면 先汚其口니라."
　▪量 헤아릴 량　　▪傷 상할 상　　▪還 도리어 환　　▪含 머금을 함
　▪噴 뿜을 분　　▪汚 더러울 오

부지런하라! 방종은 자신을 망친다

048 방종과 방탕은 아무런 이익이 없다. 오직 부지런함만이 유익할 뿐이다.

64

凡戱는 無益이요, 惟勤이 有功이니라.

▪戱 희롱할 **희**

■『논어』「양화(陽貨)」에 이런 말이 있다. "배부르게 먹고 하루를 마치면서 마음을 쓰는 곳이 없다면 난처하구나. 장기나 바둑이라도 있지 않은가? 그것이라도 하는 것이 오히려 나을 것이다."(子曰, "飽食終日, 無所用心, 難矣哉! 不有博奕者乎? 爲之猶賢乎已.") 이 말은 장기나 바둑 같은 놀이를 즐기라는 말씀이 아니다. 아무 데도 마음 쓰는 것이 없어서는 안 된다는 것을 강조하신 말씀이다.

의심받을 일은 애초에 하지 말라

049 | 남의 오이 밭을 지나갈 적에는 신발을 고쳐 신지 말 것이며, 남의 자두나무 아래를 지나갈 적에는 갓을 고쳐 쓰지 말지니라. 〈태공(太公)〉

太公이 曰, "瓜田에 不納履하고, 李下에 不整冠이니라."

▪納 들일 **납**　　▪履 신 **리**　　▪冠 갓 **관**

해설 오이 밭을 지나갈 때에는 허리를 굽혀 신발에 손대지 말라. 오이를 딴다고 의심받을 수 있다. 또 자두나무 밑을 지나갈 때에는 팔을 올려 머리나 모자에 손을 대지 말라. 자두를 딴다고 의심받기 쉽다. 남에게 의심받을 일은 애당초 하지 말라는 뜻이다.

고생은 행복을 가져다 준다

050 마음은 편안하게 하더라도 육체는 편안해서는 안 되고, 도(道)는 즐기더라도 몸가짐은 걱정하지 않아서는 안 된다. 몸이 편안하면 나태해지기 쉽고, 몸가짐을 걱정하지 않으면 주색에 빠지기 쉽다. 그러므로 편안함은 고생의 결과요, 즐거움은 근심의 결과니라. 편안하고 즐거운 자여! 고생하고 근심하던 때를 잊어서는 안 되느니라. 〈경행록(景行錄)〉

景行錄에 曰, "心可逸이언정 形不可不勞요 道可樂이언정 身不可不憂니, 形不勞則怠惰易弊하고 身不憂則荒淫不定故로 逸生於勞而常休하고 樂生於憂而無厭하나니, 逸樂者는 憂勞를 其可忘乎아."

- 逸 편안할 일　　- 怠 게으를 태　　- 惰 게으를 타　　- 弊 폐단 폐
- 荒 거칠 황　　- 淫 음란할 음　　- 厭 싫을 염

군자는 남에 대해서 말하지 않는다

051 남의 단점을 듣지 않고, 남의 단점을 보지 않으며,
남의 단점을 말하지 않는 그런 사람이라야 군자에 가까운
사람이라 할 수 있다.

耳 不聞 人之非하고, 目 不視 人之短하고, 口 不言 人之過라
야 庶幾君子니라.

- 庶 거의 서   - 幾 거의 기

■ "남의 단점을 말하지 말고, 자기의 장점을 내세우지 말라. 남
 에게 베푼 것은 생각에 두지 말고, 남에게서 받은 은혜는 잊
 지 말라."(無道人之短, 無說己之長, 施人愼勿念, 受恩愼勿忘.)

말은 되돌릴 수 없다

052 기쁨과 노여움은 마음속에 있기 때문에 보이지 않
지만, 말은 조심하지 않으면 안 되느니라.

〈채백개(蔡伯喈)〉

蔡伯喈*曰, "喜怒는 在心하고 言 出於口하니, 不可不愼이니
라."

  • 蔡 나라이름 채   • 喈 새소리 개   • 愼 삼갈 신

  * 채백개(蔡伯喈) — 중국 후한 때의 학자.

낮잠을 자는 사람은 썩은 나무와 같다

053 재여(宰予)*가 낮잠 자는 것을 보고 공자가 말했다.

"썩은 나무로는 조각할 수 없고, 썩은 흙으로 만든 담은
흙손질할 수 없느니라."   〈공자(孔子)〉

宰予 晝寢이어늘 子曰, "朽木은 不可雕也요, 糞土之墻은 不
可圬也니라."

  • 宰 재상 재, 주장할 재,   • 寢 잘 침   • 朽 썩을 후   • 雕 다듬을 조
  • 糞 똥 분   • 墻 담 장   • 圬 흙손 오

  * 재여(宰予) — 공자(孔子)의 제자.

해설 낮에 잠자는 것은 게으름의 표상이다. 게을러서는 아무것
  도 이룰 수 없다.

■ 본문의 공자 말씀은『논어』「공야장(公冶長)」에 나온다. "재
여가 낮잠을 자자 공자께서 말씀하셨다. '썩은 나무는 조각할
수 없고 거름흙으로 쌓은 담장은 흙손질할 수 없다. 내가 재
여에 대해 꾸짖을 것이 있겠는가? 나는 처음에는 다른 사람
에 대하여 그의 말을 듣고 그의 행실을 믿었으나 이제는 그
의 말을 듣고 그의 행실을 살펴보게 되었다. 나는 재여로 인
해 이 관념을 고치게 되었노라.'"(宰予晝寢. 子曰, "朽木不可雕
也, 糞土之牆不可也, 於予與何誅?" 子曰, "始吾於人也, 聽其言而
信其行, 今吾於人也, 聽其言而觀其行. 於予與改是.")

■『한비자(韓非子)』「현학편(顯學篇)」, "담대자우(澹臺子羽)는
군자의 용모라 공자가 보고 이를 취했다. 그러나 오랫동안 함
께 있어 보니 행동이 그 용모와 같지 않았다. 재여는 언사(言
辭)가 우아하고 문채(文采)가 있었다. 공자가 보고 이를 취했
다. 하지만 오랫동안 함께 있어 보니 지혜가 그 언변에 미치
지 못했다. 그러므로 공자는 '용모로써 사람을 취함은 자우
(子羽)의 경우에서 실수했고, 언변으로써 사람을 취함은 재여
의 경우에서 실수했다'고 했다."(澹臺子羽, 君子之容也, 仲尼
幾而取之, 與處久而行不稱其貌. 宰予之辭, 雅而文也, 仲尼
幾而取之, 與處而智不充其辯. 故孔子曰, "以容取人乎, 失之
子羽, 以言取人乎, 失之宰予.")

이렇게 하면 그대는 위대한 사람이 될 것이다

054 복은 청렴하고 검소한 데서 생기며, 덕(德)은 자신을 낮추고 겸손한 데서 생기며, 도(道)는 편안하고 고요한 데서 생기며, 생명은 화창한 데서 생긴다. 환란은 욕심이 많은 데서 생기며, 재앙은 탐욕이 많은 데서 생기며, 과실(過失)은 경솔하고 교만한 데서 생기며, 죄악은 어질지 못한 데서 생긴다.

눈을 조심하여 남의 잘못을 보지 말고, 입을 조심하여 남의 단점을 말하지 말고, 마음을 조심하여 재물을 탐하거나 성내지 말고, 몸을 조심하여 나쁜 친구를 사귀지 말지니라.

무익한 말을 함부로 하지 말고, 자기와 관계 없는 일을 함부로 하지 말며, 군왕(君王)을 높이고* 부모에게 효도하며, 어른을 존경하고 덕이 있는 이를 받들며, 어진 이와 어리석은 이를 분별하고 무식한 자를 용서하라.

모든 일에 있어서 순리를 따르며, 지나간 일은 쫓지 말며, 자신이 불우해도 잘되기를 바라지 말 것이며, 지나간 일은 생각하지 말라.

총명한 사람도 때로는 어리석을 수 있고 치밀한 계획도 실수할 때가 있다. 남에게 손해를 끼치면 종국에는 자기도 손해를 입게 되고, 권력에 의존하면 재앙이 따르게 된다. 조심하는 것은 마음에 달려 있고, 지키는 것은 정신에 달려 있다. 절약하지 않기 때문에 집안을 망치게 되고, 청렴하지 않기 때문에 지위를 잃게 되느니라.

그대에게 권하노니 이것이 바로 그대가 평생 경계해야 할 일이다. 감탄하고 놀라고 두려워해야 한다. 위로는 하늘이 거울처럼 굽어보고 있고 아래로는 땅의 신이 살펴보고 있다. 또 낮에는 관리들이 살피고 밤에는 귀신이 살피고 있다. 오직 바른 것을 지킬 것이요, 마음을 속이지 말 것이니, 경계하고 경계할지니라. 〈자허원군(紫虛元君)의 「성유심문(誠諭心文)」〉

紫虛元君** 誠諭心文***에 曰,
"福 生於淸儉하고 德 生於卑退하고 道 生於安靜하고 命 生於和暢하고 患 生於多慾하고 禍 生於多貪하고 過 生於輕慢하고 罪 生於不仁이니라.
戒眼 莫看他非하고 戒口 莫談他短하고 戒心 莫自貪嗔하고 戒身 莫隨惡伴하라.
無益之言을 莫妄說하고 不干己事를 莫妄爲하며 尊君王孝

父母하며 敬尊長奉有德하고 別賢愚恕無識하라.

物順來而勿拒하며 物旣去而勿追하고 身未遇而勿望하며 事已過而勿思하라.

聰明도 多暗昧요 算計도 失便宜니라. 損人終自失이요 依勢禍相隨라. 戒之在心하고 守之在氣라. 爲不節而亡家하고 因不廉而失位니라.

勸君自警於平生하나니　可歎可驚而可畏니라.　上臨之以天鑑하고　下察之以地祇라. 明有王法相繼하고　暗有鬼神相隨라. 惟正可守요　心不可欺니, 戒之戒之하라."

- 紫 붉을 자
- 諭 고할 유
- 暢 화창할 창
- 慢 거만할 만
- 戒 경계할 계
- 嗔 성낼 진
- 隨 따를 수
- 伴 짝 반
- 妄 망녕될 망
- 干 간여할 간
- 尊 높일 존
- 恕 용서할 서
- 拒 막을 거
- 追 좇을 추
- 遇 만날 우
- 昧 어두울 매
- 宜 마땅할 의
- 損 상할 손
- 依 의지할 의
- 隨 따를 수
- 廉 청렴할 렴
- 警 경계할 경
- 驚 놀랄 경
- 畏 두려울 외
- 臨 임할 림
- 鑑 살필 감
- 祇 땅 귀신 기
- 繼 이을 계
- 欺 속일 기

* 군왕(君王)을 높이고 ▁ 오늘날에는 이런 말이 권력자에게 아부하는 뜻으로 받아들여지기가 쉽다. 하지만 고대에는 군왕을 받드는 것이 바로 국가를 위하는 길이라고 생각했다. 옛날과 지금의 문화적·개념적 차이를 감안하면서 글의 의미를 새겨야 할 것이다.

** 자허원군(紫虛元君) ▁ 도교에 속하는 인물. 자세한 것은 알 수 없다. 원군(元君)은 진인(眞人)과 같은 말로 여성에게 쓰는 말이다.

*** 성유심문(誠諭心文) ▁ 정성으로 마음을 깨우쳐 주는 글.

자신의 분수

安分篇

욕심이 많으면 근심도 많아진다

055 | 만족할 줄 알면 즐겁다. 그러나 탐욕에 힘쓰면 근심도 많게 되느니라. 〈경행록(景行錄)〉

景行錄에 曰, "知足可樂이요 務貪則憂니라."

▪務 힘쓸 무　▪貪 탐낼 탐

행복은 부귀한 데 있는 것이 아니다

056 | 만족할 줄 아는 자는 가난해도 마음은 즐겁고, 만족할 줄 모르는 자는 부유해도 근심 속에서 살아가게 되느니라.

知足者는 貧賤도 亦樂이요, 不知足者는 富貴라도 亦憂니라.

분수에 넘치는 생각은 마음을 상하게 한다

057 | 분수에 넘치는 생각은 부질없이 정신을 상하게 하

고, 망령된 행동은 도리어 재앙을 부르게 되느니라.

濫想은 徒傷神이요, 妄動은 反致禍니라.
- 濫 넘칠 **람**　　- 徒 한갓 **도**　　- 反 도리어 **반**

만족이라는 것은 이런 것이다

058 만족이라는 것을 알아서 항상 만족할 줄 아는 사람
은 일생 동안 욕된 일을 당하지 않을 것이고, 절제할 줄 알
아서 항상 절제하는 사람은 평생토록 부끄러운 수모를 당
하는 일이 없을 것이다.

知足常足이면 終身不辱하고, 知止常止면 終身無恥니라.
- 辱 욕될 **욕**　　- 恥 부끄러울 **치**

겸손은 이익을 부른다

059 가득 차면 손실을 초래하게 되고 겸손하면 이익을
얻게 되느니라.　　　　　　　　　　　　　　〈서경(書經)〉

書*에 曰, "滿 招 損하고 謙 受 益이니라."

· 招 부를 초　　· 謙 겸손할 겸

* 서(書) ─ 유가의 삼경(三經 : 시경, 서경, 주역) 중에 하나인 『서경』. 상서(尙書)라고도 한다. 상서는 상고(上古)의 책으로 숭상해야 한다는 뜻이다. 우서(虞書)·하서(夏書)·상서(商書)·주서(周書) 등 당우(唐虞) 3대에 걸친 중국 고대의 제왕들의 정치를 기록한 것으로서 이제삼왕(二帝三王)의 정권의 수수(授受), 정교(政敎) 등의 기록이 실려 있어 고대의 사적(史的) 사실이나 사상을 아는 데 중요한 책이다.

■ 본문의 글은 『서경』「우서(虞書)·대우모(大禹謨)」에 나온다. "덕은 하늘을 감동시켜 거리가 아무리 멀어도 이르게 하나니 가득하면(넘치면) 손실을 부르고, 겸손하면 이익을 받는 것, 이것이 바로 천도이다."(惟德動天, 無遠弗屆. 滿招損, 謙受益, 時乃天道.)

분수를 알면 욕됨이 없을 것이다

060 편안한 마음으로 자신의 분수를 지키면 욕됨이 없을 것이고, 미래를 예측하여 대비한다면 마음이 저절로 편

안해질 것이다. 이와 같이 한다면 비록 인간 세상에 살고 있더라도 도리어 인간 세상을 초월하게 되리라. 〈안분음(安分吟)〉

安分吟*에 曰, "安分 身無辱이요 知機 心自閑이니, 雖居人世上이나 却是出人間이니라."
　·機 기미 기　　·閑 한가할 한

　*안분음(安分吟)━ 격양시(擊壤詩)라고도 한다. 중국 송나라 때 소옹(邵雍)이 지은 『격양시집(擊壤詩集)』에 실려 있다. 지은이가 소옹인지는 분명하지 않다.

자신이 맡은 일에만 충실하라

061 그 자리(지위)에 있지 않으면서 그 일에 대해서 논(도모)하지 말지니라.　　　　　　　〈공자(孔子)〉

子曰, "不在其位하여는 不謀其政이니라."
　·謀 꾀할 모

　■ 본문의 공자 말씀은 『논어』 「태백(泰伯)」에 나온다.

■『중용』, "군자는 자신이 처한 자리에 따라 행하고 그 밖의
것을 원하지 않는다."(君子, 素其位而行, 不願乎其外.)

양심

存心篇

모든 행동을 투명하게 하라

062 남이 볼 수 없는 곳에 있다 하더라도 마치 네거리에 앉아 있는 것처럼 조심할지니라. 자기 마음을 절제하기를 마치 여섯 필의 말을 부리듯 한다*면 허물을 면할 수 있을 것이다.

〈경행록(景行錄)〉

景行錄에 云, "坐密室을 如通衢하고 馭寸心을 如六馬면 可免過니라."

- 密 은밀할 밀　　- 衢 거리 구　　- 馭 어거할 어　　- 免 면할 면

*여섯 필의 말(六馬)을 부리듯 한다 ── 옛날 천자(天子)가 타고 다니던 마차는 여섯 필의 말이 끌었다. 천자가 타고 있는 마차이고 또 여섯 필의 말이 끌었으므로 특히 조심해서 잘 몰아야 했다.

■ 『중용』, "도라는 것은 잠시도 떠날 수 없는 것이니, 떠날 수 있다면 그것은 도가 아니다. 그러므로 군자는 보이지 않는 곳에서도 조심하고 삼가고, 들리지 않는 곳에서도 두려워하고 근신하는 것이다. 은(隱)보다 더 드러남이 없으며 미(微)보다 더 드러남이 없으므로 군자는 혼자 있을 때를 삼가하는 것이다."
(道也者, 不可須臾離也, 可離, 非道也. 是故, 君子, 戒愼乎其所不睹, 恐懼乎其所不聞. 莫見乎隱, 莫顯乎微, 故君子, 愼其獨也.)

부귀는 마음대로 되는 것이 아니다

063 만일 부귀를 지혜와 힘으로써 구할 수 있는 것이라면 공자는 젊은 나이에 당연히 제후(諸侯)가 되었으리. 모든 것은 타고나는 것인데, 세상 사람들은 하늘의 뜻은 알지 못하고 밤늦도록 부질없이 몸과 마음을 고달프게 하는구나.

〈격양시(擊壤詩)〉

擊壤詩*에 云, "富貴를 如將智力求인대 仲尼도 年少合封侯라. 世人은 不解靑天意하고 空使身心半夜愁이니라."

- 擊 칠 격
- 壤 흙덩이 양
- 仲 버금 중
- 尼 여승 니
- 封 봉할 봉
- 侯 임금 후
- 愁 근심할 수

* 격양시(擊壤詩) ─ 『격양시집(擊壤詩集)』. 송나라 때 소옹(邵雍)이 편찬한 시집.

"부와 귀는 마음대로 할 수 있는 것이 아니다"

『논어』「이인(里仁)」, "공자께서 말씀하셨다. '부와 귀는 모든 사람들이 원하는 것이지만 정도(正道)로써 얻은 것이 아니라면 그것을 갖지 말아야 하며, 빈과 천은 사람들이 싫어하는 것이나 정도로써 얻어진 것이 아니라고 하더라도(빈천은 모두가 원하는 것이 아니다. 그렇다고 증오할 수는 없는 것이다. 빈천을 묵묵히 받아들인다면 그는 훌륭한 사람일 것이다.) 버리지 않아야 한다.'"(子曰, "富與貴, 是人之所欲也, 不以其道得之, 不處也, 貧與賤, 是人之所惡也, 不以其道得之, 不去也.")

자기 자신을 용서하듯 남을 용서하라

064 아무리 어리석은 사람이라 해도 남의 잘못을 발견하고 꾸짖는 데는 밝고, 총명한 사람이라 해도 자기 자신의 잘못을 용서하는 데는 어두운 것이다. 너희들은 항상 남의 잘못을 꾸짖는 마음으로 자기 자신을 꾸짖고, 자신의 잘못을 용서하는 마음으로 남을 용서하라. 그리하면 성인이 되는 것은 걱정할 것이 없을 것이다. 〈범충선공(范忠宣公)〉

范忠宣公*이 戒 子弟曰, "人雖至愚나 責人則明하고 雖有聰明이나 恕己則昏이니, 爾曹는 但常以責人之心으로 責己하고, 恕己之心으로 恕人하면 則不患 不到聖賢地位也니라."

- 范 성 범   - 宣 펼 선   - 愚 어리석을 우   - 責 책할 책
- 昏 어두울 혼   - 爾 너 이   - 曹 무리 조

* 범충선공(范忠宣公) ── 범순인(范純仁, 1027~1101)을 가리킴. 중국 북송 때의 재상. 충선공(忠宣公)은 시호임.

■ 『논어』「위령공(衛靈公)」, "자공이 물었다. '종신토록 실천할 만한 한 훌륭한 말씀이 있습니까?' 공자께서 말씀하셨다. '아마 서(恕, 용서)일 것이다. 자신이 하고자 하지 않는 것을 남에게 시키지 않는 것이다.'"(子貢問曰, "有一言而可以終身行之者乎?" 子曰, "其恕乎! 己所不欲, 勿施於人.")

겸손은 훌륭한 인간을 만든다

065 총명하고 슬기롭다 하더라도 어리석은 척 그것(총명과 슬기)을 지킬 것이며, 공로가 이 세상을 덮을지라도 겸양으로써 그것(공로)을 지킬 것이며, 용맹이 이 세상을 떨칠지라도 겁쟁인 척 그것(용맹)을 지킬 것이며, 부유함이 온 천하를 소유할 정도가 된다 하더라도 겸손으로써 그것(부유함)을 지켜야 하느니라.　　　　　　〈공자(孔子)〉

子曰, "聰明思睿라도 守之以愚하고, 功被天下라도 守之以讓하고, 勇力振世라도 守之以怯하고, 富有四海라도 守之以

謙이니라.”

- 睿 밝을 예   • 被 입을 피, 덮을 피   • 讓 겸손할 양   • 振 떨칠 진
- 怯 겁낼 겁

■ 『순자』 「유좌(宥坐)」, “총명하고 신통한 지혜는 어리석음으
로 지키고, 천하를 덮을 만한 공로는 사양함으로써 지키고,
세상을 뒤덮을 만한 용기와 힘은 겁냄으로써 지키고, 온 세상
을 차지할 정도의 부귀는 겸손함으로써 지켜야 하는 것이다.
이것이 바로 자신을 낮추고 또 낮추는 방법이다.”(聰明聖知,
守之以愚, 功被天下, 守之以讓, 勇力撫世, 守之以怯, 富有四海,
守之以謙. 此所謂挹而損之之道也.)

어려웠던 때를 잊어버리는 자는 오래가지 못한다

066 | 적게 베풀고서도 많은 것을 바라는 자는 보답을 받
을 수 없고, 귀하게 된 뒤에 천했던 시절을 잊어버리는 자
는 오래가지 못하느니라.　　　　　　　　　　〈소서(素書)〉

素書*에 云, “薄施厚望者는 不報하고, 貴而忘賤者는 不久니
라.”

84

• 素 흴 소   • 薄 박할 박   • 施 베풀 시

* 소서(素書) — 진(秦)나라 때 황석공(黃石公 : 진나라 말엽의 병법가)
  이 지은 책.

남을 도와 줄 적에는 대가를 바라지 말라

067 | 은혜를 베풀고서 보답을 바라지 말며, 남에게 주고
서 후회하지 말지니라.

施恩 勿求報하고, 與人 勿追悔하라.
• 與 줄 여   • 追 따를 추   • 悔 뉘우칠 회

담력은 크되 마음가짐은 소박해야 한다

068 | 담력은 크게 가지되 마음가짐은 항상 소박해야 하
고, 지혜는 막힘없이 통하되 행동은 반듯해야 하느니라.

〈손사막(孫思邈)〉

孫思邈*이 曰, "膽欲大而心欲小하고 智欲圓而行欲方이니

라.”

- 邈 멀 막　　- 膽 쓸개 담

* 손사막(孫思邈) ― ?~682. 중국 당나라 때의 명의(名醫).

마음은 언제나 신중하게 하라

069 ┃ 생각은 항상 전쟁터에 나가는 날처럼 신중히 해야
하고, 마음은 항상 외나무다리를 건너는 것처럼 조심해야
하느니라.

念念要如臨戰日하고 心心常似過橋時니라.
- 過 지날 과　　- 橋 다리 교

죄를 지으면 날마다 두려움 속에서 살게 된다

070 ┃ 법을 잘 지키면 날마다 즐겁고, 법을 어기면 날마다
근심 속에서 살게 되느니라.

懼法朝朝樂이요 欺公日日憂니라.

- 懼 두려울 구   - 欺 속일 기

한번 한 말은 다시 주워 담지 못한다

07 입을 지키기를 병(甁)과 같이 하고(쏟아진 물은 다시 담을 수 없기 때문이다), 나쁜 생각 절제하기를 성(城)을 지키듯 할지니라.　　　　　　　　　〈주문공(朱文公)〉

朱文公*이 曰, "守口如甁하고 防意如城하라."

- 甁 병 병   - 防 막을 방   - 城 성 성

* 주문공(朱文公) ▬ 주희(朱熹, 1130~1200). 중국 송대(宋代)의 유학자. 자는 원회(元晦)·중회(仲晦). 호는 회암(晦庵)·회옹(晦翁) 등. 문공(文公)은 시호임. 성리학(性理學)을 대성하였다. 그의 막내아들이 주희의 유언을 수록하여 편찬한 『주문공문집(朱文公文集)』과 문인들과의 문답을 수록하여 여정덕이 편찬한 『주자어류(朱子語類)』가 있다.

■ 『채근담(菜根譚)』, "입은 곧 마음의 문이니 입을 엄밀히 지키지 못하면 마음의 참된 기미가 다 새어나가고 말리라. 뜻은

곧 마음의 발이니 뜻을 엄밀히 지키지 못하면 모두 바르지
못한 길로 달려가고 말리라."(口乃心之門, 守口不密, 洩盡眞機,
意乃心之足, 防意不嚴, 走盡邪蹊.)

은혜를 저버리면 얼굴이 부끄러워진다

072 마음속으로 남의 은혜를 저버리지 않는다면 얼굴에
부끄러운 빛이 없게 될 것이다.

心 不負人이면 面 無慙色이니라.
- 負 저버릴 부　　- 慙 부끄러울 참

인생은 무상한 것이다

073 백년도 살지 못하는 인생이, 부질없이 천년의 계획
을 세우고 있구나.

人無百歲人이나 枉作千年計니라.
- 枉 굽을 왕

■『고문진보(古文眞寶)』에 작자 미상의 다음 시가 실려 있다.

백년도 못 사는 인생이건만	生年不滿百
늘 천년의 근심을 안고 살아가네	常懷千歲憂
낮은 짧고 밤은 기니	晝短苦夜長
어찌 촛불을 밝히고 놀지 않는가	何不秉燭遊
즐김은 제때에 미쳐야 하니	爲樂當及時
어찌 내년을 기다리리오	何能待來玆
어리석은 자는 비용을 아껴	愚者愛惜費
세상 사람들의 비웃음을 받는다네	俱爲塵世嗤
선인 왕자교와 같이 장수하기를	仙人王子喬
기약하기는 어렵다네	難可以等期

후회는 언제나 뒤에 온다

074 │ 부정한 관리는 파직된 뒤에 후회하고, 방탕한 부자
는 가난해진 뒤에 후회한다. 젊었을 때 배우지 않으면 나
이 먹어 후회하고, 제때 일을 배우지 않으면 일을 당하여
후회한다. 술에 취해 망언을 하면 술 깬 뒤에 후회하고, 건
강할 때 조심하지 않으면 병이 든 뒤에 후회하느니라.

〈구래공(寇萊公)의 육회명(六悔銘)〉

寇萊公*六悔銘**에 云, "官行私曲失時悔요, 富不儉用貧時
悔요, 藝不少學過時悔요, 見事不學用時悔요, 醉後狂言醒
時悔요, 安不將息病時悔니라."

- 寇 성 구   - 萊 쑥 래   - 悔 뉘우칠 회   - 藝 재주 예
- 醉 취할 취   - 狂 미칠 광   - 醒 깰 성

* 구래공(寇萊公) ▬ 961∼1023. 중국 북송 때의 재상. 성은 구(寇),
이름은 준(準). 내국공(萊國公)에 봉해졌기 때문에 '구래공'이라고
부른다.

** 육회명(六悔銘) ▬ 뉘우쳐야 할 여섯 가지 일을 경계한 글.

■ 주자십회훈(朱子十悔訓) : 사람이 평생을 살아가면서 하기 쉬
운 후회 가운데 주희가 제시한, 해서는 안 될 열 가지 후회.

① 불효부모사후회(不孝父母死後悔) : 부모님께 효도하지 않으
   면 돌아가신 뒤에 후회하게 됨.

② 불친가족소후회(不親家族疏後悔) : 가족들과 잘 지내지 않
   으면 의가 상한 뒤에 후회하게 됨.

③ 소불근학노후회(少不勤學老後悔) : 젊어서 부지런히 배우지
   않으면 늙은 뒤에 후회하게 됨.

④ 안불사난패후회(安不思難敗後悔) : 편안할 때 어려움을 생
   각하지 않으면 어려움이 닥친 뒤에 후회하게 됨.

⑤ 부불검용빈후회(富不儉用貧後悔) : 재산이 풍족할 때 아껴
   쓰지 않으면 가난해진 뒤에 후회하게 됨.

⑥ 춘불경종추후회(春不耕種秋後悔) : 봄에 씨를 뿌리지 않으

면 가을에 거둘 곡식이 없음을 후회하게 됨.

⑦ 불치원장도후회(不治垣墻盜後悔) : 담장을 제때 고치지 않
  으면 도둑맞은 뒤에 후회하게 됨.

⑧ 색불근신병후회(色不謹愼病後悔) : 색(여자)을 삼가지 않고
  방탕하게 생활하면 병든 뒤에 후회하게 됨.

⑨ 취중망언성후회(醉中妄言醒後悔) : 술에 취해 망령된 말을
  하게 되면 술 깬 뒤에 후회하게 됨.

⑩ 부접빈객거후회(不接賓客去後悔) : 손님을 제대로 대접하지
  않으면 손님이 떠난 뒤에 후회하게 됨.

가난해도 우환이 없는 것이 행복이다

075 부유하면서 우환이 있는 것보다는 가난해도 우환이

없는 것이 낫고, 좋은 집에 살면서 우환이 있는 것보다는
초가집에 살더라도 우환이 없는 것이 낫고, 좋은 약을 먹
으면서 병이 있는 것보다는 거친 밥을 먹더라도 병이 없는
것이 나으니라.

〈익지서(益智書)〉

益智書에 云, "寧無事而家貧이언정 莫有事而家富요, 寧無
事而住茅屋이언정 不有事而住金屋이요, 寧無病而食麤飯이

언정 不有病而服良藥이니라.”

- 寧 차라리 녕   - 茅 띠 모   - 麤 거칠 추   - 服 약 먹을 복

마음이 편안하면 초가집도 편안하다

076 마음이 편안하면 초가집도 따뜻하고, 마음이 고요하면 나물국도 향기로우니라.

心安茅屋穩이요 性定菜羹香이니라.

- 茅 띠 모   - 穩 편안할 온   - 菜 나물 채   - 羹 국 갱

자신의 잘못을 용서하지 말라

077 남을 책망하는 자는 온전한 교우관계를 이루지 못하고, 자신의 잘못을 너그럽게 용서하는 자는 그 잘못을 고치지 못한다. 〈경행록(景行錄)〉

景行錄에 云, “責人者는 不全交요, 自恕者는 不改過니라.”

■ 『춘추좌씨전(春秋左氏傳)』 민공(閔公) 조, "자신의 부족한 점을 닦고 남을 책망하지 않는다면 화를 면할 수 있을 것입니다."(修己而不責人, 則免於難.)

남을 위하는 자의 삶은 영원하다

078 | 아침부터 밤까지 충성과 효도를 생각하는 사람은 남들이 알아주지 않더라도 하늘은 반드시 그를 알아 줄 것이요, 호의호식(好衣好食)하며 제 몸만 위하는 자는 당대는 비록 편안하지만 그 자손은 어찌 될 것인가?(자손은 불행하게 될 가능성이 크다)

夙興夜寐하여 所思忠孝者는 人不知나 天必知之요, 飽食煖衣하여 怡然自衛者는 身雖安이나 其如子孫에 何오.

· 夙 일찍 숙　　· 寐 잠잘 매　　· 煖 따뜻할 난　　· 怡 화할 이
· 衛 호위할 위

자기를 용서하는 마음으로 남을 용서하라

079 아내와 자식을 사랑하는 마음으로 부모를 섬긴다면 그 효도는 지극할 것이요, 부귀를 보존하려는 마음으로 임금을 받든다면 어딜 가든지 충성하게 될 것이요, 남을 꾸짖는 마음으로 자기 자신을 꾸짖는다면 허물이 적을 것이요, 자기 자신을 용서하는 마음으로 남을 용서한다면 교우 관계를 온전히 할 수 있을 것이다.

以愛妻子之心으로 事親이면 則曲盡其孝요, 以保富貴之心으로 奉君이면 則無往不忠이요, 以責人之心으로 責己면 則寡過요, 以恕己之心으로 恕人이면 則全交니라.

▪曲 곡진할 곡　　▪盡 다할 진　　▪寡 적을 과

생각을 넓고 크게 가져라

080 너의 계획이 옳지 못하다면 후회한들 어찌 목표한 바에 미칠 수 있으며, 너의 생각이 원대하지 못하다면 가르침인들 무슨 도움이 되겠는가. 오로지 이익만 생각하면

도리에 어긋나게 되고 사사로운 생각이 지나치면 공적인
일을 망치게 되느니라.

爾謀不臧이면 悔之何及이며, 爾見不長이면 敎之何益이리오.
利心專則背道요 私意確則滅公이니라.
- 謀 꾀 모   - 臧 좋을 장   - 專 오로지 전   - 背 등질 배
- 確 확실할 확   - 滅 멸망할 멸

일이란 만들면 생기는 것이다

08 일이란 만들면 생기게 되고, 덜면 덜어지게 되는 것
이다.

生事 事生이요 省事 事省이니라.
- 省 덜 생

마음관리

戒性篇

사람은 한번 방종해지면 돌이킬 수 없게 된다

082 사람의 성품은 마치 물과 같아서 한번 엎지른 물을 되담을 수 없듯이, 한번 방종해지면 다시는 원래대로 되돌릴 수 없다. 그러므로 물을 막고자 하는 자는 반드시 제방을 쌓아야 하고, 성품을 바르게 갖고자 하는 자는 반드시 예법으로써 해야 하느니라.

〈경행록(景行錄)〉

景行錄에 云, "人性이 如水하여 水一傾則不可復이요 性一縱則不可反이니, 制水者는 必以堤防하고 制性者는 必以禮法이니라."

- 傾 기울어질 경　- 縱 풀어놓을 종　- 制 제어할 제　- 堤 둑 제

순간의 분노를 참아라

083 순간의 분노를 참아라. 순간의 분노를 참으면 백일의 걱정을 면하게 되리라.

忍一時之忿이면 免百日之憂니라.

- 忍 참을 인　- 忿 분할 분　- 免 면할 면

참지 않으면 작은 일도 커질 것이다

084 참고 또 참고, 조심하고 또 조심하라. 참지 않고 조심하지 않으면 결국 작은 일도 크게 되고 말 것이다.

得忍且忍하고 得戒且戒하라. 不忍不戒면 小事成大니라.

- 당나라 때 사람 장공예(張公藝)는 일가 9대가 한 집에서 사이 좋게 살았다고 한다. 고종(高宗)이 그 비결을 묻자, 참을 인(忍) 자를 백 자 써서 보냈다는 일화가 전한다.
- 육당(六堂) 최남선(崔南善, 1890~1957)도 그의 「노력론(努力論)」이란 글에서, "천재(天才)라도 인(忍)하지 못한다면 인(忍)하는 범인(凡人)에게 패한다"고 하였다. 우리말 속담에도 "참을 인 자 석자면 살인도 면한다"라 하였다.

분노는 어리석음에서 나온다

085 우둔한 자가 분노를 일으키는 것은 모두가 이치를 모르기 때문이다. 마음에 불길을 더하지 말고 다만 귓전을

스치는 바람으로 여겨라. 장점과 단점은 누구에게나 있고 인심이 박하고 후함은 어디나 있는 것이다. 옳고 그름이란 본래 실상(實相)이 없어서 마침내는 모두가 다 부질없는 것이 되고 마는 것이다.

愚濁生嗔怒는 皆因理不通이라. 休添心上火하고 只作耳邊風하라. 長短은 家家有요 炎凉은 處處同이라. 是非無實相이니 究竟摠成空이니라.

- 濁 흐릴 탁　　- 嗔 성낼 진　　- 休 말 휴　　- 添 더할 첨
- 炎 더울 염　　- 凉 서늘할 량　　- 究 다할 구　　- 摠 다 총

참을 줄 모르면 사람이라고 할 수 없다

086 | 자장(子長 : 공자의 제자)이 하직 인사를 하면서 스승 공자에게 경구(警句)를 청하자 공자가 말했다.

"모든 행실의 근본은 참는 것이 으뜸이니라."

자장이 다시 물었다.

"어떤 것이 참는 것입니까?"

공자가 말했다.

"천자(天子)가 참으면 나라에 해가 없게 되고, 제후가 참

으면 큰 나라를 이루게 되고, 벼슬아치가 참으면 그 지위가 올라가게 되고, 형제간에 참으면 집안이 부귀해지고, 부부간에 참으면 일생을 해로할 수 있게 되고, 친구간에 참으면 그 이름이 오래가게 되고, 자신이 참으면 재앙이 없어지게 되느니라."

자장이 다시 물었다.

"참지 않으면 어떻게 됩니까?"

공자가 말했다.

"천자가 참지 않으면 나라가 텅 비게 되고, 제후가 참지 않으면 그 몸을 잃게 되고, 벼슬아치가 참지 않으면 법을 어겨서 죽게 되고, 형제간에 참지 않으면 각각 헤어져 살게 되고, 부부간에 참지 않으면 자식이 불쌍하게 되고, 친구간에 참지 않으면 정과 뜻이 소원해지고, 자신이 참지 않으면 항상 우환이 따르게 되느니라."

자장이 말하였다.

"참으로 좋고도 좋으신 말씀이십니다. 참는다는 것은 정말 어렵고도 어려운 일입니다. 사람이 아니면 참지 못할 것이요, 참지 못하면 사람이라고 할 수 없을 것입니다."

〈공자와 자장〉

子張이 欲行에 辭於夫子할새 願賜一言爲修身之美한대, 子
曰, "百行之本이 忍之爲上이니라." 子張이 曰, "何爲忍之닛
고?" 子曰, "天子忍之면 國無害하고, 諸侯忍之면 成其大하
고, 官吏忍之면 進其位하고, 兄弟忍之면 家富貴하고, 夫妻
忍之면 終其世하고, 朋友忍之면 名不廢하고, 自身忍之면 無
禍害니라."

子張이 曰, "不忍則如何닛고?" 子曰, "天子不忍이면 國空虛
하고, 諸侯不忍이면 喪其軀하고, 官吏不忍이면 刑法誅하고,
兄弟不忍이면 各分居하고, 夫妻不忍이면 令子孤하고, 朋友
不忍이면 情意疎하고, 自身不忍이면 患不除니라." 子張이
曰, "善哉善哉라, 難忍難忍이여. 非人不忍이요 不忍非人이
로다."

- 張 베풀 장   - 辭 하직할 사   - 賜 줄 사   - 廢 폐할 폐
- 軀 몸 구   - 誅 벨 주   - 令 하여금 령   - 疎 성길 소
- 除 덜 제

자신을 굽힐 줄 아는 자만이 중요한 자리를 맡을 수 있다

087 | 자신을 굽힐 줄 아는 자라야 중요한 자리를 감당할
수 있는 것이고, 남을 이기기를 좋아하는 자는 반드시 강
한 적을 만나게 마련이라.　　　　　　　　〈경행록(景行錄)〉

景行錄에 云, "屈己者는 能處重하고, 好勝者는 必遇敵이니
라."

▪屈 굽힐 굴　　▪遇 만날 우　　▪敵 원수 적

■ '인욕함구(忍辱含垢)'라는 말이 『三國志(삼국지)』에 나온다.
글자 뜻 그대로 새기면 '욕됨을 참고 때를 먹다'는 말이 된다.
큰일을 염두에 두고 있는 사람은 어떠한 굴욕에도 마음이 흔
들리지 않는다는 뜻이다. 작은 굴욕을 참고 자기 자신을 굽힐
줄 알아야 큰일을 이룰 수 있는 법이다.

남을 욕하면 그 욕은 다시 자기에게로 돌아온다

088 악한 사람이 착한 사람을 향해 욕을 하더라도 대꾸
하지 말라. 대꾸하지 않는 사람의 마음이 편안하지만 욕을
하는 사람의 입은 뜨겁게 끓느니라. 마치 사람이 하늘을
향해 침을 뱉으면 그 침이 도로 자기 자신에게 떨어지는
것과 같으니라.

惡人이 罵善人호대 善人은 摠不對라. 不對에 心淸閑이요 罵
者는 口熱沸니라. 正如人唾天하여 還從己身墜니라.

- 罵 꾸짖을 매   - 摠 다 총   - 閑 한가할 한   - 沸 끓을 비
- 唾 침 뱉을 타   - 還 도리어 환   - 墜 떨어질 추

- 『맹자』「양혜왕장구하(梁惠王章句下)」, "증자께서 말씀하시기를 '경계하고 경계하라. 너로부터 나온 것은 네게로 돌아간다.'라고 하셨습니다. 백성들이 지금에야 되갚음을 한 것이니, 임금께서는 허물하지 마소서."(曾子曰, "戒之戒之! 出乎爾者, 反乎爾者也." 夫民今而後, 得反之也, 君無尤焉.)
- 우리말 속담에 "누워서 침 뱉기"와 그 뜻이 통한다.

남이 나를 욕하더라도 귀먹은 체 논하지 말라

089 다른 사람이 나를 욕하더라도 귀먹은 체 상대하지 말지니라. 그것은 마치 불이 허공을 태우는 것과 같아서 끄지 않아도 저절로 꺼질 것이다. 내 마음은 항상 허공과 같은데 너의 혀와 입술만 움직일 뿐이니라.

我若被人罵라도 佯聾不分說하라. 譬如 火燒空하여 不救自然滅이라. 我心은 等虛空이어늘 摠爾飜脣舌이니라.

- 罵 꾸짖을 매   - 佯 거짓 양   - 聾 귀먹을 롱   - 譬 비유할 비
- 燒 불탈 소   - 滅 멸할 멸   - 飜 뒤집힐 번   - 脣 입술 순
- 舌 혀 설

남에게 각박하게 하지 말라

090 모든 일에 인정을 베푼다면 훗날 서로 만났을 때 좋은 얼굴로 보게 될 것이다.

凡事에 留人情이면 後來에 好相見이니라.

▪留 남길 류

공부

勤學篇

폭넓게 배우고 독실하게 생각하라

09 | 넓게 배우되 뜻은 독실(철저)하게 하고 간절하게 묻되 가까운 것부터 생각해 나간다면 인(仁)*은 그 가운데 있을 것이다.

〈자하(子夏)〉

子夏**曰, "博學而篤志하고 切問而近思면 仁在其中矣니라."

· 博 넓을 박   · 篤 도타울 독   · 切 정성스러울 절

* 인(仁) ― 유가 사상에서 가장 핵심이 되는 덕목. 공자(孔子)의 중심 사상. 『맹자』 「고자장구상(告子章句上)」의 "인은 인심이다(仁人心也)", 「양혜왕장구상(梁惠王章句上)」의 "측은히 여기는 마음이 인의 단서이다(惻隱之心, 仁之端也.)"라는 등의 글에 그 뜻이 잘 드러나 있다. 이처럼 인을 구성하고 있는 여러 덕목 중에서 가장 핵심이 되는 것은 사랑이다.

** 자하(子夏) ― B.C. 507~B.C. 420? 중국 전국시대의 학자. 성명은 복상(卜商). 공자의 제자로 공문10철(孔門十哲)의 한 사람임.

해설 지금까지는 이 말이 공자의 말로 알려져 왔으나 『논어』에 의거하여 공자의 제자인 자하(子夏)의 말로 바로잡음(성백효, 현토완역 명심보감, 1999, p.40 참조).

■ 본문의 글은 『논어』 「자장(子張)」에 나온다. 이에 대해 정자

(程子)는 이렇게 말하였다. "배움이 넓지 않으면 지킴이 요약
하지 못하고 뜻이 독실하지 못하면 힘써 행할 수 없으며, 자
기에게 있는 것을 절실히 묻고 가까이 생각하면 인은 그 가
운데 있다."(學不博則不能守約, 志不篤則不能力行. 切問近思在
己者, 則仁在其中矣) 또 말하기를, "가까이 생각한다는 것은
유(類)로써 미루는 것이다"(近思者以類而推)라고 하였다.
- 『순자』「권학(勸學)」, "군자가 널리 배움을 쌓고 날마다 자신
을 반성한다면 지혜는 밝아지고 행동에는 잘못이 없게 될 것
이다."(君子博學而日參省乎己, 則智明而行無過矣.)

배우지 않으면 하늘을 오를 수 없다

092 사람으로서 배우지 않으면 그것은 마치 하늘을 오
르고자 하나 방법이 없는 것과 같다. 그러나 배워서 지혜
가 원대해지면 그것은 마치 상서로운 구름을 헤치고 푸른
하늘을 보는 것과 같으며, 높은 산에 올라 온 천하를 바라
보는 것과 같으리라.

〈장자(莊子)〉

莊子曰, "人之不學은 如登天而無術하고, 學而智遠이면 如
披祥雲而觀靑天하고 登高山而望四海니라."

- 術 꾀 술   - 披 헤칠 피   - 祥 상서로울 상   - 覩 볼 도

옥은 다듬지 않으면 그릇을 만들 수 없다

093 옥(玉)은 다듬지 않으면 그릇을 만들 수 없고, 사람은 배우지 않으면 도리(道理)를 알 수 없게 되느니라. 〈 예기(禮記)〉

禮記*에 曰, "玉不琢이면 不成器하고, 人不學이면 不知道니라."

▪ 琢 쪼을 탁

* 예기(禮記) ▭ 중국 고대 유가의 경전. 오경(五經 : 시경, 서경, 주역, 춘추, 예기)의 하나. 고대 중국의 제도와 예법 등을 수록한 책.

■ 본문의 글은 『예기』 「학기(學記)」에 나온다.

배우지 않는 것은 마치 캄캄한 밤길을 가는 것과 같다

094 사람으로서 배우지 않으면 그것은 마치 캄캄한 밤길을 걸어가고 있는 것과 같으니라. 〈태공(太公)〉

太公이 曰, "人生不學이면 如冥冥夜行이니라."

▪ 冥 어두울 명

고금의 일을 모르면 그것은 말이나 소와 같다

095 | 사람으로서 고금(古今)의 일을 모르면 그것은 마치
소나 말에 옷을 입혀 놓은 것과 같으니라. 〈한문공(韓文公)〉

韓文公*이 曰, "人不通古今이면 馬牛而襟裾니라."

▪ 襟 옷깃 금   ▪ 裾 옷섶 거

* 한문공(韓文公) ___ 768~824. 한유(韓愈)를 가리킴. 자는 퇴지(退之).
  문공(文公)은 시호. 당송팔대가(唐宋八大家)의 한 사람.

해설 고금(古今)의 흥망성쇠를 좀 알아야만 자신의 갈 길을 알
  수 있기 때문이다.

▥ 『논어』 「위정편(爲政篇)」에 "옛것을 잊지 않고 탐구하여 새
  것을 알면 스승이 될 수 있다."(溫故而知新, 可以爲師矣.)라는
  글과 함께 음미해 볼 만한 구절이다.

배우지 못한 자가 훌륭하게 되는 경우는 드물다

096 집안이 가난하다 하더라도 그 때문에 배우지 않아서는 안 되고, 집안이 부유하다 하더라도 그것을 믿고서 배움을 게을리 해서는 안 되느니라. 가난한 사람이라 하더라도 열심히 배운다면 입신(출세)할 수 있을 것이요, 부유한 사람도 부지런히 배운다면 이름을 크게 빛낼 수 있을 것이다.

배운 사람이 훌륭하게 되는 것은 보았어도, 배우지 않은 사람이 훌륭하게 되는 경우는 보지 못했느니라. 배움은 곧 자신의 보배요, 배운 사람은 곧 세상의 보배이다.

그러므로 배우면 군자(君子)가 되고, 배우지 않으면 소인(小人)이 되는 것이니, 후학들은 마땅히 각자 힘써야 하리라.

〈주문공(朱文公)〉

朱文公이 曰, "家若貧이라도 不可因貧而廢學이요 家若富라도 不可恃富而怠學이니, 貧若勤學이면 可以立身이요 富若勤學이면 名乃光榮이니라.

惟見學者顯達이요 不見學者無成이니라. 學者는 乃身之寶

요 學者는 乃世之珍이니라.

是故로 學則乃爲君子요 不學則爲小人이니 後之學者는 宜
各勉之니라.”

- 廢 폐할 폐　　・恃 믿을 시　　・怠 게으를 태　　・顯 드러날 현
- 珍 보배 진　　・勉 힘쓸 면

배우지 않으면 늙어 후회한다

097 │ 배운 자는 곡식과 같고 벼와 같으며, 배우지 않은
자는 쑥과 같고 풀과 같다. 곡식과 같고 벼와 같음이여! 나
라의 좋은 양식이요, 세상의 큰 보배니라.

　쑥과 같고 풀과 같음이여! 밭가는 이가 미워하며 김매는
이가 힘들어 하나니라(젊은이여! 열심히 배울지니라). 훗날
담벼락을 마주 대한 듯 답답함을 느낄 적에 뉘우친들 아,
그때는 이미 늙었어라!　　　　　　　　　　〈휘종황제(徽宗皇帝)〉

徽宗皇帝* 曰, “學者는 如禾如稻하고 不學者는 如蒿如草로
다. 如禾如稻兮여 國之精糧이요 世之大寶로다. 如蒿如草兮
여 耕者憎嫌하고 鋤者煩惱니라. 他日面墻에 悔之已老로다.”

- 徽 아름다울 휘　　・稻 벼 도　　・蒿 쑥 호　　・糧 양식 량
- 憎 미워할 증　　・嫌 혐의할 혐　　・鋤 호미 서　　・煩 번거로울 번

■ 惱 번뇌할 뇌   ■ 墻 담 장   ■ 悔 뉘우칠 회

* 휘종황제(徽宗皇帝) __ 1082~1135. 중국 북송의 제8대 황제(재위 기간, 1110~1125). 문화재를 수집·보호하고 서화원(書畫院)을 설치하여 궁정서화가를 양성하였으며, 문화사상 선화시대(宣和時代)라는 한 시기를 낳았다. 그 자신도 시문(詩文)과 서화에 뛰어났고, 특히 그림은 전문가의 경지에 달하여 풍류천자라는 칭호를 얻을 정도였다.

배울 적엔 간절한 마음으로 배워라

098 | 배울 적엔 '따라가지 못하면 어떻게 하나' 하는 간절한 마음가짐으로 배워야 하고, 배우고 난 뒤엔 배운 것을 '잊어버리면 어떻게 하나' 하는 마음가짐을 가져야 하느니라.

〈논어(論語)〉

論語*에 曰, "學如不及이요 猶恐失之니라."

* 논어(論語) __ 사서(四書 : 논어, 맹자, 대학, 중용)의 하나. 공자와 그 제자들의 언행록(言行錄).

114

■ 본문의 글은 『논어』 「태백(泰伯)」에 나온다.

■ 『논어』 「술이편(述而篇)」에는 이런 말이 나온다. "(공자는) 마음속으로 알려고 노력하지 않으면 깨우쳐 주지 않으며 애타하지 않으면 말해주지 않아야 한다. 또 한 귀퉁이를 들어주었는데 이것으로 남은 세 귀퉁이를 들지 못한다면 다시 더 일러주지 않아야 한다."(不憤不啓, 不悱不發. 擧一隅, 不以三隅反, 則不復也.)라는 글과 함께 음미해 보아도 좋을 것이다.

자식의 앞날

訓子篇

가르치지 않으면 자식은 어리석어진다

099 손님이 찾아오지 않는 집안은 점차로 퇴보하고 『시경』과 『서경』을 가르치지 않으면 그 자손은 어리석어지느니라.

〈경행록(景行錄)〉

景行錄에 云, "賓客不來면 門戶俗하고, 詩書를 無敎면 子孫愚니라."

▪賓 손님 빈

해설 손님이 찾아오지 않는 집안은 몰락해 가는 집안이다. 『시경』은 시집으로서 중국 고대의 문물(文物)과 생활상, 백성들의 애환 등이 수록되어 있는 책이고, 『서경』은 중국 고대의 제왕의 정치철학이 담겨 있는 고전이다. 중국은 물론 우리나라에서도 이 두 책은 필독서였다.

"『시경』을 읽어라!"

▪『논어』「계씨(季氏)」, "진강이 백어에게 물었다. '그대는 선생님(공자)으로부터 무언가 특별히 들은 것이 있는가?' 백어가 대답하였다. '없었다. 일찍이 홀로 서 계실 때에 내가 뜰을 빨리 걸어 지나는데, (선생님께서) 시경을 읽었느냐고 물으시기에 아직 못 읽었습니다 하고 말씀드렸더니 시경을 배우지 않으면 말을 할 수 없다고 하셨다. 그 후 물러가 시경을 배웠

노라.'"(陳亢問於伯魚曰, "子亦有異聞乎?" 對曰, "未也. 嘗獨立,
鯉趨而過庭. 曰, '學詩乎?' 對曰, '未也.' '不學詩, 無以言.' 鯉退
而學詩.")

■ 『논어』 「양화(陽貨)」, "공자께서 말씀하셨다. '너희들은 어찌
하여 시경을 배우지 않느냐? 시경의 시구들은 읽는 사람으로
하여금 분발하게 하며, 세상을 살피는 눈을 갖게 하며, 다른
사람과 잘 어울리게 하며, 원망하되 성내지 않게 하며, 가까
이로는 어버이를 섬길 수 있게 하며, 멀게는 임금을 섬길 수
있게 하고, 새와 짐승과 물과 나무의 이름을 많이 알 수 있게
하느니라.'"(子曰, "小子何莫學夫詩? 詩, 可以興, 可以觀, 可以
群, 可以怨. 邇之事父, 遠之事君, 多識於鳥獸草木之名.")

■ 『근사록(近思錄)』에, 명도 선생이 말씀하시기를 '배우는 사람
은 『시경』을 보지 않으면 안 된다. 『시경』 보는 일은 곧 그
사람의 품격을 한층 높여준다.'라고 하였다. 또, '『시경』을 읽
지 않았을 때에는 담벼락을 마주 대하고 있는 것처럼 답답해
진다(사리를 분별하지 못하기 때문에 앞을 못 본다는 뜻). 하
지만 시경을 읽고 난 다음에는 바로 담벼락을 마주 대하지 않
는 것과 같아야 『시경』을 읽은 효과가 있다.'라고도 하였다.

작은 일도 노력하지 않으면 성공하지 못한다

100 아무리 작은 일이라도 노력하지 않으면 이루지 못

하고, 아무리 똑똑한 자식이라도 가르치지 않으면 어리석
어지고 마느니라.　　　　　　　　　　　　　〈장자(莊子)〉

莊子曰, "事雖小나 不作이면 不成이요, 子雖賢이나 不敎면
不明이니라."

　　"무슨 일이든 한 만큼 이루는 법이다"
■『순자』「수신(修身)」, "아무리 가까운 길(곳)이라도 가지 않으
　면 도달하지 못하고, 아무리 작은 일이라 하더라도 실행하지
　않으면 이루지 못한다."(道雖邇, 不行不至, 事雖小, 不爲不成.)

황금을 물려주려 하지 말고 가르쳐라

ㅣㅇㅣ　황금을 상자에 가득 담아 자식에게 물려주는 것이
가르치는 것만 못하고, 천금을 자식에게 물려주는 것이 한
가지 기술을 가르치는 것만 못하느니라.　　　　〈한서(漢書)〉

漢書*에 云, "黃金滿籯이 不如敎子一經이요, 賜子千金이
不如敎子一藝니라."

　■籯 상자 영　　■賜 줄 사　　■藝 재주 예

120

* 한서(漢書) ─ 중국 전한(前漢) 시대의 역사를 기록한 책. 중국 후한
(後漢) 시대의 역사가 반고(班固)가 저술한 기전체(紀傳體)의 역사서.
『전한서(前漢書)』 또는 『서한서(西漢書)』라고도 한다. 『사기(史記)』
와 더불어 중국 사학사상(史學史上) 대표적인 저작으로서 『사기』가
상고시대부터 무제까지의 통사(通史)인 데 비하여 『한서』는 전한(前
漢)만을 다룬 단대사(斷代史)로, 한고조(漢高祖) 유방(劉邦)부터 왕망
(王莽)의 난(亂)까지 12대 230년간의 기록이라는 점에 특징이 있다.

자식을 가르치는 것만큼 중요한 것은 없다

102 지극히 즐거운 것 중에 독서의 즐거움만한 것이 없
고, 지극히 중요한 것 중에 자식을 가르치는 것만한 것이
없느니라.

至樂은 莫如 讀書요, 至要는 莫如 敎子니라.

가정과 스승의 가르침 없이 성공하는 자는 드물다

103 집안에 어진 부형(父兄)이 없고 밖에 엄한 스승과 벗
이 없는 자는 성공하기 어려우니라.　　　　〈여형공(呂滎公)〉

呂滎公*이 曰, "內 無賢父兄하고 外 無嚴師友요 而能有成者가 鮮矣니라."

- 呂 성 려   - 滎 물이름 형   - 嚴 엄할 엄   - 鮮 드물 선

* 여형공(呂滎公) ─ 여희철(呂希哲). 중국 북송 때의 학자.

배우지 않으면 어리석어진다

104 | 남자는 배우지 않으면 장성하여 반드시 어리석고 우둔해지며, 여자는 배우지 않으면 장성하여 반드시 거칠고 정숙하지 못하게 되느니라. 〈태공(太公)〉

太公이 曰, "男子失敎면 長必頑愚하고, 女子失敎면 長必麤疎니라."

- 頑 완악할 완   - 麤 거칠 추   - 疎 성글 소

남자는 술을, 여자는 외출을 삼가라

105 | 남자는 크면서 술과 풍악을 익히지 말아야 하고, 여

자는 크면서 놀러 다니지 말아야 하느니라(바람이 든다는 뜻이다).

男年長大어든 莫習 樂酒하고, 女年長大어든 莫令 遊走하라.

엄한 부모가 효자를 길러낸다

106 엄한 아버지는 효자를 길러내고, 엄한 어머니는 효녀를 길러내느니라.

嚴父는 出孝子요, 嚴母는 出孝女니라.

자식을 사랑한다면 매를 아끼지 말라

107 사랑스런 아이(자식)에겐 매를 많이 주고, 미운 아이(자식)에겐 밥을 많이 주도록 하라.

憐兒어든 多與棒하고, 憎兒어든 多與食하라.

• 憐 사랑할 련   • 棒 몽둥이 봉   • 憎 미워할 증

주옥보다는 현명한 자식을 사랑하라

108 사람들은 모두가 주옥(珠玉)을 좋아하지만 나는 자
손이 현명한 것을 좋아하느니라.

人皆愛珠玉이나 我愛子孫賢이니라.

▪珠 구슬 주

반 성 1

省心篇 上

재물은 언젠가는 없어지게 된다

109 재물은 쓰면 언젠가는 바닥이 나지만, 충효는 아무
리 실천해도 부족하다.　　　　　　　　　　〈경행록(景行錄)〉

景行錄에 云, "寶貨는 用之有盡이요, 忠孝는 享之無窮이라."
　▪享 누릴 향　　▪窮 다할 궁

의롭지 못하다면 부유한들 무엇하랴

110 집안이 화목하면 가난해도 좋지만 의롭지 못하다면
부유한들 무엇하겠는가? 다만 한 자식이라도 효자를 둘 것
이니, 자식이 많은들 무엇에 쓰겠는가?

家和 貧也好어니와 不義 富如何오. 但存一子孝면 何用子孫
多리오.

돈은 의리를 상하게 한다

111 부모가 근심하지 않는 것은 자식이 효도하기 때문

이요, 남편이 번민하지 않는 것은 아내가 어질기 때문이요,
쓸데없는 말이나 실수하는 말이 많은 것은 술 때문이요,
의리가 끊어지고 사이가 소원해지는 것은 오직 돈 때문이
니라.

父不憂心 因子孝요 夫無煩惱 是妻賢이라, 言多語失 皆因
酒요 義斷親疎 只爲錢이라.
- 煩 번거로울 번   - 惱 번뇌할 뇌   - 斷 끊을 단   - 疎 성길 소
- 錢 돈 전

즐거움 뒤엔 항상 근심이 뒤따른다

112 | 즐거움 뒤엔 항상 뜻밖의 근심이 뒤따르게 되느니
라.

旣取非常樂이어든 須防不測憂니라.
- 測 헤아릴 측

편안할 적에 위태로움을 생각하라

113 | 총애를 받을 적에 욕됨을 생각하고 편안하게 지낼

적에 위태로움을 생각하라.

得寵思辱하고 居安慮危니라.

- 寵 사랑할 총　　- 辱 욕될 욕　　- 慮 생각할 려　　- 危 위태할 위

■ 『채근담(菜根譚)』, "하늘의 뜻은 알 수가 없어서 억누르기도 하고 잘 되게도 한다. 이것은 모두 영웅을 우롱하고 호걸을 거꾸러뜨리는 것이다. 그러나 군자는 운명이 역(逆)으로 와도 다만 순리로 맞이하며, 편안할 때에 위험을 생각하니 하늘도 또한 마음대로 할 수가 없다."(天地機緘, 不測, 抑而伸, 伸而抑, 皆是播弄英雄, 顚倒豪傑處. 君子只是逆來順受, 居安思危, 天亦無所用其伎倆矣.)

■ 『좌전』 양공(襄公) 11년 조, "편안할 때에 처하여 위태로움을 생각하라 하였으니, 위태로움을 생각하면 대비하게 되고 대비함이 있으면 걱정할 일이 없게 될 것이니, 이를 살피지 않을 수 있겠습니까."(居安思危, 思則有備, 有備無患, 敢以此規.)

영화가 작으면 욕됨도 작다

114 영화(榮華)가 작으면 욕됨도 적고 이익이 많으면 해(害)도 많은 법이다.

128

榮輕辱淺이요 利重害深이니라.

▪輕 가벼울 경　　▪辱 욕될 욕　　▪淺 얕을 천

기쁨 뒤엔 반드시 슬픔이 따른다

115 너무 아끼면 반드시 크게 허비하게 되고, 너무 칭찬하면 반드시 큰 비방이 있게 되고, 너무 기뻐하면 반드시 큰 슬픔이 있게 되고, 너무 모으기만 하면 반드시 크게 잃게 되느니라.

甚愛必甚費요 甚譽必甚毁요 甚喜必甚憂요 甚藏必甚亡이라.

▪甚 심할 심　　▪費 허비할 비　　▪譽 기릴 예　　▪毁 훼방할 훼
▪藏 감출 장

■『채근담』, “천금으로도 한때의 기쁨을 사기 어려운 경우도 있고, 한 그릇의 밥으로도 평생의 은혜를 살 수 있다. 대개 사랑이 지나치면 도리어 원수가 되고, 박함이 지극하면 오히려 기쁨이 되는 법이니라.”(千金, 難結一時之歡, 一飯, 竟致終身之感. 蓋愛重反爲仇, 薄極成喜也.)

넓은 안목을 가지지 못하면 환난을 피하기 어렵다

116 높은 벼랑을 보지 못하고서 어찌 굴러 떨어지는 환난(患難)을 알 수 있으며, 깊은 물을 보지 못하고서 어찌 빠져 죽는 환난을 알 수 있으며, 큰 바다를 보지 못하고서 어찌 풍파의 환난을 알 수 있겠는가.　　　　　〈공자(孔子)〉

子曰, "不觀高崖면 何以知顚墜之患이며, 不臨深泉이면 何以知沒溺之患이며, 不觀巨海면 何以知風波之患이리오."

▪崖 언덕 **애**　　▪顚 엎어질 **전**　　▪墜 떨어질 **추**　　▪沒 빠질 **몰**

▪溺 빠질 **닉**

과거를 보면 미래를 알 수 있다

117 미래의 일을 알고자 한다면 먼저 과거의 일을 살필지니라.

欲知未來인대 先察已然이니라.

▪察 살필 **찰**

지나간 일에서 현재를 안다

118 밝은 거울을 통해 얼굴을 살필 수 있고, 지나간 일을 미루어 현재를 알 수 있느니라. 〈공자(孔子)〉

子曰, "明鏡은 所以察形이요, 往古는 所以知今이니라."

▪ 鏡 거울 경

미래는 어둠 속에 가려져 있다

119 지나간 일은 거울처럼 밝게 드러나 있어서 알기가

쉽지만, 다가올 일은 칠흑처럼 어둠에 가려 있어서 알 수
가 없느니라.(그러므로 우리는 현재 처해 있는 상황에서 최
선을 다해야 한다.)

過去事는 明如鏡이요, 未來事는 暗似漆이니라.

- 暗 어두울 암   - 似 같을 사   - 漆 옻 칠

사람의 일이란 알 수가 없는 것이다

120 내일 아침의 일을 오늘 저녁에 알 수 없고, 오늘 저
녁의 일을 오후에 알 수 없느니라. 〈경행록(景行錄)〉

景行錄에 云, "明朝之事를 薄暮에 不可必이요, 薄暮之事를
晡時에 不可必이니라."

- 薄 얇을 박   - 暮 어두울 모   - 必 기필할 필   - 晡 신시 포

■ 우리말 속담에, "다시는 마시지는 않겠다고 침 뱉고 돌아선
우물물을 다시 마시게 된다"는 말이 있다.

행복과 불행은 아침저녁으로 변한다

121 하늘의 비바람은 언제 몰아칠지 예측할 수 없고, 사람의 행복과 불행은 조석으로 변하느니라.

天有不測風雨하고 人有朝夕禍福이니라.

• 測 헤아릴 측

죽은 뒤를 생각하라

122 석 자 흙 속(무덤 속)으로 들어가기 전에는 백 년의 몸을 보전하기 어렵고, 석 자 흙 속으로 들어간 뒤에는 백 년의 무덤을 보전하기가 어려운 것이니라.

未歸三尺土하얀 難保百年身이요, 已歸三尺土하얀 難保百年墳이니라.

• 墳 무덤 분

해설 사람은 항상 죽은 뒤 다른 사람이 자신을 어떻게 평가할 것인가를 염두에 두면서 살아야 한다. 그렇지 않으면 출세하는 데만 급급해 하다가 삶을 마치고 만다.

가르치지 않으면 이루어지지 않는다

123 나무를 잘 기르면 뿌리가 튼튼해지고 가지와 잎이
무성해져 훌륭한 재목을 이루게 되고, 물을 잘 관리하면
샘의 근원이 힘차고 물줄기가 길어서 많은 농토가 혜택을
입게 되고, 사람을 잘 가르치면 뜻과 기개가 크고 식견이
총명해져서 충성스럽고 의로운 인물이 나오게 된다. 그러
니 어찌 잘 기르지 않을 수 있겠는가.　　　　〈경행록(景行錄)〉

景行錄에 云, "木有所養이면 則根本固而枝葉茂하야 棟樑
之材成하고, 水有所養이면 則泉源壯而流派長하야 灌漑之
利博하고, 人有所養이면 則志氣大而識見明하야 忠義之士
出이니 可不養哉아."

- 茂 성할 무　　　· 棟 기둥 동　　　· 樑 들보 량　　　· 源 근원 원
- 派 물줄기 파　　· 灌 물 댈 관　　· 漑 물 댈 개　　· 博 넓을 박

자신을 믿는 자는 타인도 믿는다

124 스스로 신뢰하는 사람은 남도 신뢰한다. 마치 오(吳)
나라와 월(越)나라가 적국 사이라 하더라도 형제처럼 지낼

수 있는 것처럼. 스스로 의심하는 사람은 남도 그를 의심
하게 되나니 자기 이외에는 모두 적으로 만들게 되느니라.

自信者는 人亦信之하여 吳越*이 皆兄弟요, 自疑者는 人亦
疑之하여 身外에 皆敵國이니라.

▪吳 나라이름 오　　▪越 나라이름 월　　▪疑 의심할 의　　▪敵 적 적

* 오월(吳越) ＿ 오나라와 월나라. 오월동주(吳越同舟)라는 말이 있다.
서로 미워하면서도 어떤 목적을 위해서는 부득이 협력하는 경우를
비유한 말이다. 이 고사는 『손자(孫子)』「구지(九地)」에, "오나라 사
람과 월나라 사람은 서로 미워한다. 그러나 그들이 같은 배를 타고
가다가 바람을 만나면 서로 돕기를 좌우의 손이 함께 협력하듯이
한다.(夫吳人與越人相惡也, 當其同舟而濟遇風, 其相救也, 如左右手)"
라고 한 데서 비롯되었다.

■ 우리말 속담에, "내가 우리 개를 잘 대접하면 남들도 쓰다듬
어 주지만, 내가 우리 개를 발로 차면 남들도 발로 찬다"는
말이 있다.

그 어떤 사람이든 채용했으면 의심하지 말라

125 어떤 사람이든 의심스러우면 쓰지 말 것이요, 일단

썼으면 의심하지 말지니라.

疑人莫用하고 用人勿疑하라.

열 길 물 속은 알아도 한 길 사람 속은 모른다

126 물 속의 고기는 낚싯대로 낚아 잡을 수 있고, 하늘을 나는 기러기는 화살로 잡을 수 있지만, 지척도 안 되는 사람의 마음은 헤아릴 수 없느니라. 〈풍간(諷諫)〉

諷諫*에 云, "水底魚天邊雁은 高可射兮低可釣어니와 惟有人心咫尺間에 咫尺人心不可料니라."

- 諷 풍자할 풍
- 諫 간할 간
- 底 밑 저
- 邊 가 변
- 雁 기러기 안
- 射 쏠 사
- 低 낮을 저
- 釣 낚시질할 조
- 咫 지척 지
- 尺 자 척
- 料 헤아릴 료

* 풍간(諷諫) ▁▁ 넌지시 꾸짖는다는 뜻. 고사나 지나간 어떤 일을 들추어서 상대방의 잘못을 간접적으로 꾸짖는 것. 이런 것을 모은 책이나 속담, 격언에서 인용한 말인 듯하다.

얼굴은 알아도 마음은 모른다

127 호랑이를 그리되 가죽(표면, 겉)은 그릴 수 있으나 뼈 속까지 그리기는 어렵고, 사람을 알되 그 얼굴은 알 수 있으나 마음속까지 알 수는 없다.

畵虎畵皮 難畵骨이요, 知人知面 不知心이니라.

절친한 사이에도 마음은 산처럼 높다

128 얼굴을 맞대고 서로 이야기하는 사이라 하더라도 마음은 천 길이나 되는 높은 산으로 가로막혀 있느니라.

對面共話하되 心隔千山이니라.
- 話 말할 화   · 隔 막힐 격

사람의 마음은 죽은 뒤에도 알기 어렵다

129 바다는 마르면 마침내 그 바닥을 볼 수 있다. 그러

나 사람의 마음은 죽은 뒤에도 알 수 없다.

海枯終見底나 人死不知心이니라.
▪枯 마를 고

사람의 앞날은 예측할 수가 없다

130 사람의 앞날은 예측할 수가 없다. 마치 바닷물을 헤아릴 수 없는 것처럼.　　　　　　　　〈태공(太公)〉

太公이 曰, "凡人은 不可逆相이요, 海水는 不可斗量이니라."

원한을 맺는 것이 재앙을 심는 것이다

131 남과 원한을 맺는 것은 스스로 재앙을 자초하는 것이요, 선행을 행하지 않는 것은 스스로를 망치는 일이다.
〈경행록(景行錄)〉

景行錄에 云, "結怨於人을 謂之種禍요, 捨善不爲를 謂之自賊이라."

・

한쪽 말만 들으면 잘못 판단하게 된다

132 한쪽 말만 들으면 곧 헤어지게 되느니라.

若聽 一面說이면 便見相離別이니라.

▪聽 들을 청　　▪便 곧 변　　▪離 떠날 리

"이〔蝨〕는 어디서 생기는가?"

박지원(朴趾源, 1737~1805)의 「낭환집서蜋丸集序」라는 글에 나오는 이야기이다.

　황희(黃喜, 1363~1452) 정승이 관청에서 공무를 마치고 돌아오니, 그 딸이 맞이하면서, "아버님, 이〔蝨〕 아시지요? 이 는 어디서 생기나요? 옷에서 생기나요?" 하므로 "그렇지." 하고 답해 주었다.

　딸이 웃으며 "내가 이겼다!"라고 하자,

　이번에는 며느리가, "이는 살〔肌〕에서 생기지요?"라고 물 었다.

　황정승은 이 말에도 "네 말이 맞다."라고 하였다.

　며느리가 웃으며 말하기를, "아버님은 제가 맞다고 하시는 걸요." 하였다.

부인이 화를 내며 말하였다. "누가 대감더러 지혜롭다 하겠소. 다투고 있는데 양쪽이 다 옳다니요?" 정승이 빙그레 웃으며 말하였다.

"둘 다 이리 오너라. 대저 이는 살이 없으면 알을 까지 못하고, 옷이 아니고는 붙어있질 못한다. 그래서 두 사람의 말이 모두 옳다고 한 것이다. 비록 그렇긴 해도 옷을 장롱 속에 두어도 또한 이는 있고, 설령 네가 벌거벗고 있더라도 오히려 가려울 것이다. 땀이 나고 끈적끈적한 냄새가 나는 가운데 떨어지지도 않고 붙어있지도 않은, 옷과 살의 사이에서 이는 생기느니라."

■ 우리말 속담에, "안방에 가면 시어머니의 말이 옳고, 부엌에 가면 며느리 말이 옳다"는 속담이 있다. 각각 일리가 있어 시비를 가리기 어렵다는 말이다.

배부르고 편안하면 삿된 생각을 하게 된다

133 배부르고 따뜻하면 나쁜 생각을 하게 되고, 굶주리고 추우면 진리를 탐구(공부)하고자 하는 생각을 일으키게 되느니라.

飽煖엔 思淫慾하고, 飢寒엔 發道心이니라.

- 飽 배부를 포   · 煖 따뜻할 난   · 淫 음란할 음   · 飢 주릴 기

재물이 많으면 지조를 손상하게 된다

134 어진 사람이 많은 재물을 갖고 있으면 결국 자신의 뜻을 손상하게 되고, 어리석은 사람이 많은 재물을 갖고 있으면 허물이 점점 많아지게 되느니라. 〈소광(疏廣)〉

疏廣*이 曰, "賢而多財則損其志하고 愚而多財則益其過라."
- 疏 글 소, 성 소

* 소광(疏廣) — 중국 한나라 때의 청렴했던 사람.

해설 돈과 재물이 많이 있으면 좋기는 하지만 훌륭한 사람에게는 누가 되고, 소인은 방자한 짓을 하게 된다.

복이 오면 마음은 저절로 현명해진다

135 사람이란 가난하면 자연히 생각이 짧아지게 되고, 복이 오면 자연히 마음이 현명해지느니라.

人貧智短하고 福至心靈이니라.
- 靈 신령 령

많은 일을 겪어야 슬기로워진다

136 한 가지 일을 겪지 않으면 한 가지 지혜가 자라나지
않게 되느니라.

不經一事면 不長一智니라.

듣지 않으면 시비는 저절로 없어지게 된다

137 하루 종일 시비를 걸어오더라도 듣지 않으면 시비
는 자연히 없어지게 되느니라.

是非 終日 有라도, 不聽이면 自然無니라.

시비를 말하는 자가 곧 시비를 일으키는 사람이다

138 남의 옳고 그름을 말하는 자가 바로 시비를 일으키
는 사람이니라.

來說 是非者는 便是 是非人이니라.

■『유가귀감儒家龜鑑』, "시비가 종일 있더라도 듣지 않으면 자연히 없어질 것이니 와서 시비를 말하는 자가 나를 시비하는 사람이다. 좌우의 사람들을 대함에 있어서 마땅히 엄숙히 하여 은혜롭게 할 것이며, 좌우 사람의 말을 쉽게 믿지 말고 반드시 그 진실함을 살펴야 한다. 친애하는 사람의 말을 무조건 듣지 말지니, 만일 한쪽 사람의 말만 들으면 서로 의가 상해서 갈리게 될 것이다."(是非終日有, 不聽自然無, 來說是非者, 便是是非人. 待左右, 當嚴而惠, 左右之言, 不可輕信, 必審其實. 親愛之言, 亦不可偏聽, 若聽一面說, 便見相離別.)

■『무문관(無門關)』 제18칙 「동산삼근(洞山三斤)」에 실린 무문 선사의 송, "마삼근이라는 말을 불쑥 내밀었으니, 말도 친근하지만 뜻은 더욱 친절하다. 와서 시비를 말하는 사람이 있다면 그가 곧 시비에 떨어진 사람이라."(突出麻三斤, 言親意更親, 來說是非者, 便是是非人.)

명예를 돌에 새기기보다 사람들의 입에 각인시켜라

139 평생 동안 눈썹 찌푸릴 일을 하지 않는다면 세상에

서 그를 욕할 사람은 없을 것이다. 훌륭한 명예(이름)를 어찌 무정한 돌에 새길 것인가. 비석보다는 길 가는 사람들의 입에 새기는 것이 나으니라.　　　　　　〈격양시(擊壤詩)〉

擊壤詩에 云, "平生에 不作皺眉事하면 世上에 應無切齒人이니, 大名을 豈有鐫頑石가. 路上行人이 口勝碑니라."
- 擊 칠 격　　　- 壤 부드러운 흙 양　　　- 皺 찌푸릴 추　　　- 眉 눈썹 미
- 鐫 새길 전　　　- 頑 완악할 완　　　- 勝 나을 승　　　- 碑 비석 비

향주머니는 저절로 향을 내뿜는다

140　사향*은 저절로 향기를 풍기니, 어찌 바람 불기를 기다릴 필요가 있으리오.

有麝自然香이니 何必當風立고.
- 麝 사향노루 사　　　- 香 향기 향

* 사향(麝香) ― 사향노루(궁노루)의 배꼽 근처의 향낭에서 채취한 흑갈색의 가루. 향기로운 냄새가 난다.

해설 옛날에는 물론 지금도 어떤 사람의 행적을 드날릴 일이 있을 때에 비석을 세우는 경우가 많다. 그러나 비석을 세우기

144

보다는 길가는 행인도 알 수 있을 정도로 훌륭한 일을 하는
것이 더 낫다는 것이다. 부질없이 비석을 세울 일이 아니라,
모든 사람들이 인정할 만한 좋은 일을 실천하라는 뜻이다.

낭중지추(囊中之錐)

■ 주머니 속에 있는 뾰족한 송곳은 그 끝이 주머니를 뚫고 비
어져 나온다는 뜻에서 능력과 재주가 뛰어난 사람은 스스로
두각을 나타내게 된다는 것을 의미하게 되었다. 『사기(史記)』
「평원군우경열전(平原君虞卿列傳)」에서 평원군이 말하기를,
"현명한 선비의 처세라고 하는 것은 비유컨대 송곳이 주머니
속에 있는 것과 같아서 그 끝이 드러나 보이게 마련이다"라
고 말한 데서 비롯한 성어이다.

권력이 다하면 원수가 찾아온다

|41| 복이 있다고 해서 다 누리지 말지니 복이 다하면 가
난이 찾아올 것이요, 권력이 있다고 해서 다 누리지 말지
니 권력이 다하면 원수가 찾아올 것이다. 그러므로 복이
있거든 항상 스스로 아끼고, 권력이 있거든 항상 스스로
공손히 할지니라. 교만과 사치는 시작은 있어도 끝(결과)은

없는 경우가 많으니라.

有福莫享盡하라 福盡身貧窮이요, 有勢莫使盡하라 勢盡冤
相逢이니라. 福兮常自惜하고 勢兮常自恭하라. 人生驕與侈
는 有始多無終이니라.

- 享 누릴 향   - 窮 다할 궁   - 冤 원통할 원
- 惜 아낄 석, 아깝게 여길 석   - 驕 교만할 교   - 侈 사치 치

충분하다고 해서 다 쓰지 말라

142 재주를 다 쓰지 말고 조물주에게 돌려주고, 봉록을
다 쓰지 말고 국가에 돌려주고, 재물을 다 쓰지 말고 백성
에게 돌려주고, 복을 다 쓰지 말고 자손들에게 물려줄지니
라.

〈왕참정(王參政)의 사류명(四留銘)〉

王參政[*] 四留銘^{**}에 曰, "留有餘不盡之巧하여 以還造物하
고, 留有餘不盡之祿하여 以還朝廷하고, 留有餘不盡之財하
여 以還百姓하고, 留有餘不盡之福하여 以還子孫이니라."

- 留 남길 류   - 銘 새길 명   - 巧 재주 교   - 還 돌아올 환
- 祿 녹 록   - 廷 조정 정

* 왕참정(王參政) ─ 중국 북송 때의 명재상.
** 사류명(四留銘) ─ 네 가지(재주, 봉록, 재물, 복)를 다 쓰지 말고 아끼라고 새긴 명문(銘文).

해설 무엇이든지 가지고 있다고 해서 함부로 다 쓰지 말라. 항상 아끼고 겸양하라. 우리말 속담에 "바닷물도 쓰면 준다"는 말이 있다.

황금보다는 훌륭한 말 한마디가 더 존귀하다

143 | 황금 천 냥보다도 훌륭한 말 한 마디가 더 귀하다.

黃金千兩이 未爲貴요, 得人一語가 勝千金이니라.

재주 있는 사람은 재주 없는 사람의 종이다

144 | 재주 있는 사람은 재주 없는 사람의 종이요, 괴로움은 즐거움의 어머니니라.

巧者는 拙之奴요, 苦者는 樂之母니라.

▪拙 옹졸할 졸   ▪奴 종 노

 재주가 있기 때문에 재주 없는 사람의 부탁을 들어주어야
하는 것이다. 매우 역설적인 말이다.

작은 배는 무거운 짐을 감당하기 어렵다

145
작은 배는 무거운 짐을 감당하기 어렵다. 또 으슥한
길은 혼자 다니지 말라.

小船은 難堪重載요, 深逕은 不宜獨行이니라.
▪船 배 선   ▪堪 견딜 감   ▪載 실을 재   ▪逕 길 경

돈보다 가치 있는 것은 마음의 안락이다

146
황금이 귀한 것이 아니요, 가치 있는 것은 마음의
안락이니라.

黃金이 未是貴요, 安樂이 値錢多니라.
▪値 값 치

148

손님을 정중히 대접하라

147
집안에서 손님을 잘 맞이할 줄 모르는 사람은 밖에
나가서야 비로소 주인 노릇할(주인처럼 대접받을) 곳이 적
음을 알게 될 것이다.

在家에 不會邀賓客이면 出外에 方知少主人이니라.
- 邀 맞을 요   - 賓 손님 빈

해설 찾아오는 손님을 잘 대접해야 자기도 남의 집에 가서 주
인처럼 대접받게 된다.

가난하게 살면 찾아오는 사람도 없는 법이다

148
집안이 가난하면 번화한 저잣거리에 살아도 서로
아는 체하는 사람이 없게 되고, 집안이 부유하면 깊은 산
속에 살아도 먼 곳에서 친구가 찾아오게 되느니라.

貧居鬧市無相識이요, 富住深山有遠親이니라.
- 鬧 떠들 뇨

■ 우리말 속담에, "가난하면 찾아오는 벗도 없다."는 말이 있다. 이 말은 가난해지거나 처지가 어려워지면 절친한 친구라도 사이가 멀어지기 쉽다는 뜻이다.

■ 『채근담』, "배고프면 찾아오고 배부르면 떠나가며, 따뜻하면 몰려들고 추워지면 버리는 것, 이것이 인정의 공통된 병폐로다."(饑則附, 飽則颺, 燠則趨, 寒則棄, 人情通患也)

가난하면 의리마저 끊어지게 된다

149│사람의 의리는 가난으로 인해 끊어지게 되며, 세상 사람들의 발길은 저절로 돈 있는 집으로 향하게 마련이다.

人義는 盡從貧處斷이요, 世情은 便向有錢家니라.

"염량세태(炎凉世態)"

■ 더웠다가 서늘하여지는 세태라는 뜻으로, 권세를 누릴 때에는 아첨하고 찾아오다가 몰락하면 냉대하는 세상의 인심을 이르는 한자성어이다. 인정의 두터움과 야박함이 무상한 세속의 형편을 비유한 말이다. 우리말 속담 중에 '달면 삼키고 쓰면 뱉는다'라는 말과도 통한다.

150

입을 조심하라

150 | 밑 빠진 항아리는 막을 수 있지만, 코 아래 가로놓인 입은 막기가 어려우니라.

寧塞無底缸이언정 難塞鼻下橫이니라.
- 寧 차라리 녕
- 塞 막을 색
- 缸 항아리 항
- 橫 가로 횡

■ 우리말 속담에, "곰은 쓸개 때문에 죽고, 사람은 혀 때문에 죽는다"는 말이 있다. 말 한마디를 잘못하여 지금까지 쌓아 온 모든 일을 일시에 그르쳐 버릴 수 있으며 망신을 당하는 경우가 있으니 항상 말조심하라는 뜻이다.

군색하면 인간관계도 멀어진다

151 | 사람의 정은 다 군색한 가운데서 멀어지게 되느니라.

人情은 皆爲窘中疎니라.
- 窘 군색할 군
- 疎 성글 소

술에는 성공과 실패가 뒤따른다

하늘에 제사 지내고 사당에 제사 올릴 적에도 술이 아니면 제사를 올리지 못하고, 임금과 신하나 벗과 벗 사이에도 술이 아니면 의리를 돈독히 하지 못하고, 싸우고 화해할 적에도 술이 아니면 풀지 못한다. 술에는 성공과 실패가 따라다닌다. 그러므로 함부로 마시지 말지니라.

〈사기(史記)〉

史記*에 曰, "郊天禮廟는 非酒不享이요, 君臣朋友는 非酒不義요, 鬪爭相和는 非酒不勸이라. 故로 酒有成敗而不可泛飮之니라."

- 郊 들 교
- 廟 사당 묘
- 鬪 싸울 투
- 爭 다툴 쟁
- 泛 범범할 범

* 사기(史記) ── 중국 한(漢)나라 때 사마천(司馬遷, B.C. 145~B.C. 86)이 쓴 고대 중국의 역사서. 상고시대의 황제(黃帝)에서부터 한 무제 태초 연간(B.C.104~B.C.101)의 중국과 그 주변 민족의 역사를 포괄하여 저술한 통사. 기전체(紀傳體)의 효시로서, 제왕의 연대기인 본기(本紀) 12편, 제후·왕을 중심으로 한 세가(世家) 30편, 역대 제도 문물의 연혁에 관한 서(書) 8편, 연표인 표(表) 10편, 시대를 상징하는 뛰어난 개인의 활동을 다룬 열전(列傳) 70편 등 총 130편으로 구성되었다.

 술은 교우 관계를 돈독히 하고 의를 돈독히 하고 화해를 하고 유익한 일을 할 때 마시면 좋지만, 다른 때 함부로 마시면 실수하게 된다. 술로 인하여 인간관계를 망치는 경우는 허다하다.

학자는 가난을 부끄럽게 여겨서는 안 된다

153 진리 탐구에 뜻을 둔 학자로서 좋지 않은 옷을 입고, 좋지 않은 음식 먹는 것을 부끄러워한다면, 그런 사람과는 함께 더불어 의논(대화)할 가치가 없다.　〈공자(孔子)〉

子曰, "士志於道, 而恥惡衣惡食者는 未足與議也니라."

▪恥 부끄러울 치　　▪議 의논할 의

■ 본문의 공자 말씀은 『논어』 「이인(里仁)」에 나온다.

■ 『논어』 「위령공(衛靈公)」, "군자는 도를 도모하지 재물을 도모하지 않는다. 직접 농사를 지어도 굶주리는 경우도 있다. 학문을 하면 녹(벼슬, 재물)은 그 가운데 있는 것이니, 군자는 도를 걱정하지 가난을 걱정하지 않는다."(君子謀道不謀食, 耕也, 餒在其中矣, 學也, 祿在其中矣, 君子憂道不憂貧.)

질투하는 친구는 사귀지 말라

154 | 질투하는 친구가 있으면 훌륭한 친구는 찾아오지 않게 된다. 또 질투하는 부하가 있으면 훌륭한 부하는 찾아오지 않게 된다. 〈순자(荀子)〉

荀子曰, "士有妬友則賢交不親하고 君有妬臣則賢人不至니라."

- 妬 질투할 투

사람은 모두 자기 것을 가지고 태어난다

155 | 하늘은 녹(祿 : 그 사람이 먹고 살 것들) 없는 사람은 태어나지 않게 하고, 땅은 이름 없는 풀을 기르지 않느니라.

天不生無祿之人하고, 地不長無名之草이니라.

■해설 사람은 다 자기가 먹을 것을 가지고 태어난다는 뜻이다.

작은 부자는 노력에 달렸다

156 큰 부자가 되는 것은 하늘에 달렸고, 작은 부자는
노력하기에 달렸느니라.

大富는 由天하고, 小富는 由勤이니라.

사치하는 자는 성공하지 못한다

157 성공하는 사람은 똥 아끼기를 마치 금처럼 아낀다.
그러나 실패하는 자는 돈 쓰기를 마치 똥처럼 여긴다.

成家之兒는 惜糞如金하고, 敗家之兒는 用金如糞이니라.
　▪惜 아낄 석　　▪糞 똥 분

어려운 일이 닥치기 전에 조심하라

158 편안할 때 걱정거리가 없다고 말하지 말라. 걱정거

리가 없다고 말하자마자 걱정거리가 생기게 된다. 맛있는 음식도 많이 먹으면 병이 생기게 되고, 기분 좋은 일도 지나치면 재앙을 불러들인다. 그러므로 병든 뒤에 약을 쓰기보다는 병들기 전에 먼저 스스로 알아서 예방하는 것이 나으니라.

〈강절소(康節邵)〉

康節邵 先生이 曰, "閑居에 愼勿說無妨하라, 纔說無妨便有妨이니라. 爽口物多能作疾이요, 快心事過必有殃이라. 與其病後能服藥으론 不若病前能自防이니라."

- 愼 삼갈 신
- 妨 해로울 방
- 纔 겨우 재, 조금 재
- 爽 상쾌할 상
- 快 쾌할 쾌
- 過 지나칠 과
- 殃 재앙 앙

악은 악을 부르고 선은 선을 부른다

159 제아무리 신비한 영약으로도 원한에 의한 병은 고치지 못하고, 뜻밖의 횡재도 궁한 운을 타고난 사람을 부자로 만들지는 못한다. 일을 저지른 뒤에 원망하지 말라. 남을 해치면 남도 자기를 해치게 되느니라. 모든 일은 언젠가는 갚음이 있는 것이 천지자연의 이치이니, 그 결과는

멀게는 자손에게 돌아가고 가깝게는 자신에게 돌아오게
되느니라.

<재동제군(梓潼帝君)의 수훈(垂訓)>

梓潼帝君*垂訓에 曰, "妙藥도 難醫冤債病이요 橫財는 不富
命窮人이라. 生事事生을 君莫怨하고 害人人害를 汝休嗔하
라. 天地自然皆有報하니 遠在兒孫近在身이니라."

▪梓 가래나무 재　　　▪潼 물이름 동　　　▪妙 묘할 묘　　　▪醫 의원 의
▪債 빚 채　　　▪嗔 성낼 진

* 재동제군(梓潼帝君) ＿ 도가의 인물. 중국에서는 사람의 녹적(祿籍)
이나 문장(文章)을 주관하는 신을 괴성(魁星)이라고 하며, 혹은 재동
제군(梓潼帝君)·문창제군(文昌帝君)이라고도 한다. 과거(科擧) 등이
있는 해에는 수험자가 특히 신봉하였다. 도교적 속신(俗信)과도 관
련 있다.

영원한 영화도 영원한 가난도 없다

160
꽃은 졌다가 피고, 피었다가 또 지고, 비단옷과 베옷
도 철 따라 갈아입게 마련이라. 그와 마찬가지로 부유한
집도 언젠가는 가난해질 때가 있고 가난한 집도 언젠가는

부유해질 때가 있다. 사람을 부추겨 올려도 하늘까지 오르
지는 못하고 사람을 떠밀어도 구덩이 속까지 빠뜨리지는
못한다. 그대에게 권하노니 모든 일에 있어서 하늘을 원망
하지 말라. 하늘은 사람을 차별하지 않느니라.

花落花開開又落하고　錦衣布衣更換着이라. 豪家未必常富
貴요 貧家未必長寂寞이라. 扶人未必上靑霄요 推人未必塡
溝壑이라. 勸君凡事를 莫怨天하라, 天意於人에 無厚薄이니
라.

- 錦 비단 금　　- 更 바꿀 경　　- 換 바꿀 환　　- 着 입을 착
- 豪 호화스러울 호　- 寂 고요할 적　- 寞 고요할 막　- 扶 붙들 부
- 霄 하늘 소　　- 塡 메울 전　　- 溝 도랑 구　　- 壑 구렁 학

교활한 삶은 영원하지 못하다

161 │ 아! 사람의 마음 독하기가 뱀과 같구나. 그 누가 하
늘의 눈이 수레바퀴처럼 돌며 인간의 행동을 관찰하고 있
음을 알리오.(알아야 하는데 모르고 있으니 걱정이다.)

　지난해에는 망령되이 동쪽 마을의 물건을 가져오더니
오늘은 다시 북쪽 집으로 움직이는구나.

나쁜 방법으로 얻은 돈과 재물은 마치 끓는 물 위의 눈과 같고, 뜻밖에 들어온 논밭은 강물이 모래를 밀치듯 순간에 사라지는구나.

교활함과 속임수로 살아간다면 그것은 마치 아침에 피었다가 저녁에 지는 꽃과 같은 것이다.

堪歎人心毒似蛇라, 誰知天眼轉如車오. 去年妄取東隣物터니, 今日還歸北舍家라. 無義錢財는 湯潑雪이요, 儻來田地는 水推沙라. 若將狡譎爲生計면 恰似朝開暮落花니라.

- 堪 견딜 감
- 毒 독할 독
- 蛇 뱀 사
- 轉 구를 전
- 湯 끓을 탕
- 潑 뿌릴 발
- 儻 진실로 당
- 狡 간교할 교
- 譎 속일 휼
- 恰 같을 흡

훌륭한 자손은 돈으로도 살 수 없다

162｜재상(宰相)의 목숨이라고 하더라도 약으로는 고칠 수 없듯이, 훌륭한 자손은 돈으로 살 수가 없느니라.

無藥可醫卿相壽요 有錢難買子孫賢이니라.

- 卿 벼슬 경
- 相 정승 상
- 壽 목숨 수
- 買 살 매

마음이 깨끗하면 그것이 바로 신선이다

163 하루 동안 마음이 깨끗하면 그는 하루 동안 신선이 된 것과 같으니라.

一日淸閑이면 一日仙이니라.

- 閑 한가할 한
- 仙 신선 선

반 성 2

省心篇 下

원한은 자손들에게 재앙을 물려주는 것과 같다

164 위험함을 인식한다면 법에 저촉되는 일이 없을 것이고, 착한 사람을 받들고 칭찬한다면 내 몸도 저절로 편안하게 될 것이다.

은혜를 베풀고 덕을 펴는 것은 대대로 번영을 가져오게 하지만 질투를 하고 원한을 맺는다면 대대로 자손에게 재앙을 남겨주게 되리라.

남에게 피해를 주면서 자신의 이익만 취한다면 끝내 훌륭한 자손이 없게 될 것이고, 뭇 사람을 해쳐서 집안을 이루고자 한다면 어찌 영원히 부귀를 누릴 수 있으리오.

이름을 고치고 근본을 바꾸는 것은 모두가 교묘한 말 때문에 생기는 것이고, 재앙을 초래하고 자신을 망치는 것은 모두가 어질지 못한 데서 나오는 결과니라.

〈진종황제(眞宗皇帝)〉

眞宗皇帝* 御製에 曰, "知危識險이면 終無羅網之門이요, 擧善薦賢이면 自有安身之路라. 施仁布德은 乃世代之榮昌이요, 懷妬報寃은 與子孫之危患이라. 損人利己면 終無顯達雲仍이요, 害衆成家면 豈有長久富貴리오. 改名異體는 皆因巧

語而生이요, 禍起傷身은 皆是不仁之김니라.

- 御 모실 어   - 製 지을 제   - 危 위태로울 위   - 險 험할 험
- 羅 그물 라   - 網 그물 망   - 薦 천거할 천   - 榮 영화로울 영
- 昌 창성할 창   - 懷 품을 회   - 妬 질투할 투   - 仍 인할 잉
- 김 부를 소

* 진종황제(眞宗皇帝) ── 968~1022. 중국 북송의 제3대 황제. 도교(道敎)를 신봉하는 한편 재정(財政)을 충실히 하고 산업과 학문을 장려하였다.

너그러운 마음을 가져라

165 올바른 방법으로 얻은 재물이 아니면 멀리하고 정도에 지나친 술은 삼갈 것이며, 살 곳을 선택할 적에는 반드시 이웃을 가리고 교제할 때에는 벗을 가려서 사귈지니라.

질투하는 마음을 일으키지 말고 남을 헐뜯는 말을 하지 말라. 또한 가난한 사람을 소홀히 하지 말고 부유한 자에게 아첨하지 말라.

부지런함과 검소함으로써 사욕을 극복하고, 겸손함과 온화함으로써 남을 사랑하며, 항상 지난 일을 반성하여 뉘우치고, 미래의 과오를 미리 생각하라.

만약 나의 이 말을 따른다면 오래도록 나라와 집안을 다
스릴 수 있을 것이다.   〈신종황제(神宗皇帝)〉

神宗皇帝*御製에 曰, "遠 非道之財하고 戒 過度之酒하며,
居必擇隣하고 交必擇友하며, 嫉妬를 勿起於心하고 讒言을
勿宣於口하며, 骨肉貧者를 莫疎하고 他人富者를 莫厚하며,
克己는 以勤儉으로 爲先하고 愛衆은 以謙和로 爲首하며, 常
思 已往之非하고 每念 未來之咎하라. 若依朕之斯言이면 治
家國而可久니라."

- 御 모실 **어**   - 製 지을 **제**   - 戒 경계할 **계**   - 擇 가릴 **택**
- 嫉 투기할 **질**   - 妬 질투할 **투**   - 讒 참소할 **참**   - 宣 널리 펼 **선**
- 咎 허물 **구**   - 朕 나 **짐**   - 斯 이 **사**

* 신종황제(神宗皇帝) ▬ 1048~1085. 중국 북송의 제6대 황제. 재위
  기간은 1067~1085. 왕안석(王安石)을 재상으로 등용하고 재정·군
  사 관제의 개혁을 강력히 추진하여 부국강병책을 시행하도록 하였
  다. 신종의 정치는 급진적이어서 실패한 것도 많았으나 나라의 체
  제를 바로잡고 국가 권력의 확립에 기여한 측면도 있다.

잘못된 말 한마디가 인생을 망친다

166 | 작은 불씨가 넓은 숲을 태우고 잘못된 말 한마디가

평생의 덕을 망가뜨린다.

몸에 걸친 옷의 한 오라기 실에서도 항상 베 짜는 사람의 수고로움을 생각해야 하고, 하루 세 끼의 밥을 먹으면서도 항상 농부의 수고로움을 생각해야 하느니라.

탐욕과 질투로 남에게 해를 끼치면 10년의(조금의) 편안함도 없을 것이요, 선행을 쌓고 어질게 행동하면 반드시 후손들에게 번영이 있을 것이다.

복과 번영은 대부분 선행(善行)에서 나오며, 범속(凡俗)한 사람이 성인의 경지에 이르는 것은 모두가 다 진실함에서 얻어지는 것이니라. 〈고종황제(高宗皇帝)〉

高宗皇帝*御製에 曰, "一星之火도 能燒萬頃之薪하고, 半句非言도 誤損平生之德이라. 身被一縷나 常思織女之勞하고, 日食三飱이나 每念農夫之苦하라. 苟貪妬損은 終無十載安康이요, 積善存仁이면 必有榮華後裔니라. 福緣善慶은 多因積行而生이요, 入聖超凡은 盡是眞實而得이니라."

▪御 모실 어	▪製 지을 제	▪燒 불사를 소	▪頃 이랑 경
▪薪 섶 신	▪誤 그르칠 오	▪被 입을 피	▪縷 실오라기 루
▪織 짤 직	▪飱 저녁밥 손	▪妬 질투할 투	▪載 해 재
▪康 편안할 강	▪華 빛날 화	▪裔 후손 예	▪緣 인연 연
▪慶 경사 경	▪超 뛸 초		

* 고종황제(高宗皇帝) ▬ 1107~1187. 중국 남송(南宋)의 제1대 황제.

재위 기간은 1127~1162. 서화(書畵) 감상에 능하였으며, 특히 서기
(書技)에 뛰어났다고 한다.

그 사람을 알려고 한다면 먼저 그 친구를 보라

167 그 임금을 알려고 한다면 먼저 그 신하를 볼 것이
며, 그 사람을 알려고 한다면 먼저 그 친구를 볼 것이며,
그 아버지를 알려고 한다면 먼저 그 자식을 볼지니라. 임
금이 훌륭하면 신하는 충성하고, 아버지가 인자하면 자식
은 효도하게 마련이니라.

〈왕량(王良)〉

王良*이 曰, "欲知其君인댄 先視其臣하고, 欲識其人인댄 先
視其友하고, 欲知其父인댄 先視其子하라. 君聖臣忠하고 父
慈子孝니라."
▪ 慈 사랑할 자

* 왕량(王良)__ 중국 춘추시대 때의 사람.

맑은 물에는 고기가 없다

168 지극히 맑은 물에는 고기가 없고, 지극히 살피는 사
람에겐 친구가 없느니라.　　　　　　　　　　〈가어(家語)〉

家語*에 云, "水至淸則無魚하고 人至察則無徒니라."
- 至 지극할 지　　- 察 살필 찰　　- 徒 무리 도

* 가어(家語) ─ 『공자가어(孔子家語)』. 공자의 언행 및 공자와 그 문
인들과의 논의를 기록한 책.

■ 『채근담』, "땅이 더러우면 초목이 많이 자라지만 물이 너무
맑으면 고기가 없는 법이다. 그러므로 군자는 마땅히 때 묻고
더러운 것을 받아들이는 아량을 지녀야 하며, 깨끗한 것을 좋
아하여 홀로 행하려 해서는 안 된다."(地之穢者, 多生物, 水之
淸者, 常無魚, 故君子, 當存含垢納汚之量, 不可持好潔獨行之操.)

도둑질하는 자는 밝은 달빛을 싫어한다

169 봄비가 단비이긴 하지만 길 가는 사람(여행하는 사

람)은 싫어하고, 가을달이 밝고 아름답긴 하지만 도둑질하
는 자는 밝은 달빛을 싫어하느니라.　　　　〈허경종(許敬宗)〉

許敬宗*이 曰, "春雨如膏나 行人은 惡其泥濘하고, 秋月揚
輝나 盜者는 憎其照鑑이니라."
- 膏 기름 고　　- 泥 진흙 니　　- 濘 진흙 녕　　- 揚 날릴 양
- 輝 빛날 휘　　- 盜 도둑 도　　- 照 빛날 조　　- 鑑 거울 감

＊허경종(許敬宗) ― 중국 당나라 때의 정치가. 명문가의 후손으로 후
　에 재상까지 역임하였으나 건망증이 심하여 여러 번 만난 사람들의
　얼굴도 기억하지 못하였다. 어느 날 한 친구가, "학문은 깊은 사람
　이 다른 사람의 얼굴은 잘 기억하지 못하니, 혹시 일부러 그러는
　것 아닌가?"라고 비웃자 그는 이렇게 말했다. "자네 같은 이름 없
　는 사람의 얼굴이야 기억하지 못하지만, 하손(何遜)·유효작(劉孝
　綽)·심약(沈約)·사조(謝朓) 같은 문단의 대가들을 만난다면 어둠
　속에서 손으로 더듬어서라도 알 수 있다네(如暗中摸索可記也)." 이
　이야기에서 '암중모색(暗中摸索)'이란 고사성어가 나왔다고도 한다.

대장부는 명분과 절개를 소중히 여긴다

170　대장부는 착함을 보는 데 밝기 때문에 명분과 의리를
태산보다 소중하게 여기고, 마음씀이 깨끗하기 때문에 죽음

을 기러기 털보다도 가볍게 여기느니라. 〈경행록(景行錄)〉

景行錄에 云, "大丈夫는 見善明故로 重名節於泰山하고, 用心精故로 輕死生於鴻毛니라."
· 泰 클 태   · 鴻 기러기 홍

남의 어려움을 구제해 주어라

171 남의 어려움을 걱정하고, 남의 선행을 기뻐하며, 누군가 위급한 일을 당했을 때는 도와주고, 위태로움에 처했을 때는 구제해 줄지니라.

悶人之凶하고, 樂人之善하며, 濟人之急하고, 救人之危하라.
· 悶 민망할 민   · 凶 흉할 흉   · 濟 구제할 제   · 救 구원할 구

뒤에서 하는 말은 믿지 말라

172 직접 눈으로 본 일도 사실이 아닐까 두려운데, 어찌

등 뒤에서 하는 말을 그대로 믿을 수 있으리오.

經目之事도 恐未皆眞이어늘 背後之言을 豈足深信이리오.
- 經 지날 경　　- 恐 두려울 공　　- 豈 어찌 기

자신의 잘못은 모르고 남의 탓만 하지 말라

173　자기 집 두레박줄이 짧은 것은 생각하지 않고, 남의
집 우물 깊은 것만 탓한다.

不恨自家汲繩短하고 只恨他家苦井深이로다.
- 恨 한할 한　　- 汲 물 길을 급　　- 繩 노끈 승

돈이 없으면 죄를 받는다

174　뇌물을 받고 부정하게 재산을 모은 자들이 천하에
가득한데도 정작 박복한 사람만 법망에 걸려드는구나.

贓濫이 滿天下하되 罪拘薄福人이니라.
- 贓 장물 장　　- 濫 넘칠 람　　- 拘 잡힐 구　　- 薄 얇을 박

정도에서 벗어나면 죽음이 찾아온다

175 하늘은 일정한 법칙에서 벗어나면 비바람을 일으키고, 사람은 정도(正道)에서 벗어나면 병들거나 죽게 되느니라.

天若改常이면 不風則雨요, 人若改常이면 不病則死니라.

관리가 깨끗하면 백성은 편안해진다

176 나라가 잘 다스려지면 천심(天心, 즉 인심을 말함)이 저절로 순해지고 관리가 깨끗하면 백성들이 저절로 편안해진다. 아내가 현명하면 남편에게 재앙이 적고, 자식이 효성스러우면 부모의 마음이 관대해지느니라. 〈장원시(壯元詩)〉

壯元詩*에 云, "國正天心順이요 官淸民自安이라. 妻賢夫禍少요 子孝父心寬이니라."

· 寬 너그러울 관

* 장원시(壯元詩) __ 과거시험에서 1등으로 급제한 사람의 시(詩).

나무는 먹줄을 따르면 곧아진다

177 나무는 먹줄을 따르면 곧아지고, 사람은 간언(諫言 : 올바른 말)을 받아들이면 훌륭해지느니라. 〈공자(孔子)〉

子曰, "木從繩則直하고 人受諫則聖이니라."

- 繩 먹줄 승　　- 諫 간할 간

■『순자』「권학(勸學)」, "굽은 나무가 먹줄 선을 따르면 곧게 되고 쇠가 숫돌에 갈리면 날카롭게 되듯이, 군자가 널리 배우고 날마다 자신을 되돌아보고 반성하면 지혜가 밝아지고 행동에는 잘못이 없게 될 것이다."(木受繩則直, 金就礪則利, 君子博學而日參省乎己, 則智明而行無過矣.)

세월은 무상한 것이다

178 한 줄기 푸른 산에 경치가 그윽하더니, 앞사람이 가꾸던 밭과 토지를 뒷사람이 거두는구나. 뒷사람들이여! 그 땅을 차지했다고 기뻐하지 말라. 그 땅을 기다리는 뒷사람

이 또 있느니라.

一派靑山景色幽러니, 前人田土後人收라. 後人收得莫歡喜
하라. 更有收人在後頭니라.

- 幽 그윽할 유　　- 收 거둘 수　　- 歡 기쁠 환　　- 更 다시 갱

이유 없는 큰 돈은 복이 아니라 재앙이다

179 │ 아무런 이유 없이 천금을 얻는 것은 복이 아니고 재

앙이니라.
〈소동파(蘇東坡)〉

蘇東坡*曰, "無故而得千金이　不有大福이라.　必有大禍니
라."

- 蘇 깨어날 소　　- 坡 언덕 파　　- 故 연고 고

* 소동파(蘇東坡) ― 1036~1101. 중국 북송 때의 문인. 당송팔대가
(唐宋八大家)의 한 사람. 자는 자첨(子瞻), 호는 동파거사(東坡居士),
이름은 식(軾). 소순(蘇洵)의 아들이며 소철(蘇轍)의 형으로 대소(大
蘇)라고도 불림. 「적벽부(赤壁賦)」는 그의 대표작으로 널리 애창되
고 있다.

남에게 피해를 주면 그것이 곧 재앙을 불러들이는 것이다

180 어떤 사람이 점을 치면서 물었다.

"어떠한 것이 복이 되고 화(禍)가 됩니까?"

"내가 남에게 피해를 주면 그것이 재앙이 되고, 남이 나에게 피해를 주면 그것이 복이 되는 것이다." 〈강절소(康節邵)〉

康節邵 先生이 曰, "有人이 來問卜하되 '如何是禍福고?' 我虧人 是禍요, 人虧我 是福이니라."

- 卜 점칠 복　　- 虧 이지러질 휴

해설 남이 나에게 피해를 주었을 때 복수하려 하기보다는 인내하라. 인내하면 아름다운 그 마음씨는 복으로 승화되지만, 만일 복수한다면 도리어 재앙이 된다.

만족할 줄 알라

181 천 칸이나 되는 큰 집이라도 잘 적엔 여덟 자면 족하고, 만경(萬頃)*이나 되는 드넓은 밭이 있더라도 하루 먹

는 것은 쌀 두 되면 족하니라.

大廈千間이라도 夜臥八尺이요, 良田萬頃이라도 日食二升이
니라.

· 廈 큰집 하   · 臥 누울 와   · 頃 이랑 경   · 升 되 승

* 만경(萬頃) ___ 일경(一頃)은 밭 100이랑이다. 따라서 만 경은 밭 100
  만 이랑이다.

아무리 친한 사이라도 자주 찾아가면 싫어한다

182 남의 집에 오래 머물면 천시 받게 되고, 너무 자주
찾아가면 친한 사이라도 멀어지게 된다. 3일이나 5일에 한
번 정도 만나도 처음 볼 때와 같지 않느니라.(처음 볼 때처
럼 반가워하지 않는다는 뜻)

久住令人賤이요 頻來親也疎라. 但看三五日에 相見不如初
니라.

· 頻 자주 빈

■ 삼연(三淵) 김창흡(金昌翕, 1653∼1722)의 『삼연집습유(三淵

集拾遺)』 만록(漫錄)에 실린 「악태(惡態)」라는 글에, 사람이 해서는 안 될 좋지 못한 행동이 열거되어 있는데, 그야말로 무릎을 치게 만드는 것이 많다. 몇 가지만 들어보면 이렇다. "남의 집에 가서 함부로 책을 들춰보는 것, 꺼려하는 일을 굳이 묻는 것,……억지로 술이나 음식을 권하는 것, 술이나 음식을 찾는 것, 남의 집에 오래 머무는 것,……"(到人家搜閱文書, 强問人欲諱事,……强勸酒食, 干索酒食, 到人家久坐,……)

목마를 땐 한 방울 물도 달다

183 | 목마를 땐 한 방울 물이라도 감로수와 같고, 술 취한 뒤에 또 술을 마시는 것은 차라리 안 마시는 것만 못한다.

渴時一滴은 如甘露요, 醉後添盃는 不如無니라.
- 渴 목마를 갈　　- 滴 물방울 적　　- 露 이슬 로　　- 添 더할 첨
- 盃 잔 배

모든 것은 자기 마음에 달려 있다

184 | 술이 사람을 취하게 하는 것이 아니라 사람이 스스

176

로 취하는 것이요, 여색(여성)이 사람을 현혹시키는 것이
아니라 사람이 스스로 현혹되는 것이니라.

酒不醉人 人自醉요, 色不迷人 人自迷니라.

▪迷 혼미할 미

공적인 일을 자신의 일처럼 하라

185 공적(公的)인 일을 자신의 일처럼 한다면 무슨 일인
들 정확히 판단하지 못할 것이 있겠는가. 이성(異性)을 그
리워하는 마음으로 진리를 탐구한다면 벌써 오래 전에 진
리를 터득〔成佛〕했을 것이다.

公心을 若比私心이면 何事不辦이며, 道念을 若同情念이면
成佛*多時니라.

▪比 나란히 할 비　　▪辦 다스릴 판

* 성불(成佛) ― 진리를 깨달아 성인(聖人)이 되는 것.

해설 국가의 일이나 기타 공적(公的)인 일을 처리할 때 마치 자
신의 일처럼 심사숙고하여 처리한다면 무슨 일인들 옳고 그
름을 분명히 가려 판단할 수 있으며, 공부하기를 처음의 마음

처럼 간절히 한다면 벌써 성인이 되었으리라는 말이다. 이 말
은 무엇이든지 정성을 다하면 안 될 것이 없다는 뜻이다.

■『논어』「위령공(衛靈公)」, "공자께서 말씀하셨다. '아, 덕을
좋아하기를 여색을 좋아하듯 하는 자를 나는 아직 보지 못하
였다.'"(子曰, "已矣乎! 吾未見好德如好色者也.")

교활한 자는 말이 많고 순진한 자는 말이 없다

186 교자*(巧者 : 재주와 꾀가 많은 사람)는 말을 잘하고
졸자**(拙者 : 순박한 사람)는 말을 잘 못하며, 교자는 바쁘
고 졸자는 한가하며, 교자는 남을 해치고 졸자는 덕이 있
으며, 교자는 망하고 졸자는 흥한다. 아아! 천하의 모든 사
람들이 졸자처럼 된다면 형벌이 없어지고 상하가 편안해
지며, 풍속이 깨끗해지고 폐해가 없어지게 될 것이다. 〈염
계(濂溪)〉

濂溪***先生曰, "巧者言하고 拙者默하며, 巧者勞하고 拙者
逸하며, 巧者賊하고 拙者德하며, 巧者凶하고 拙者吉하나니,
嗚呼라 天下拙이면 刑政이 撤하여 上安下順하며 風淸弊絶이
니라."

178

▪濂 물가 **렴**   ▪拙 졸할 **졸**   ▪默 묵묵할 **묵**   ▪逸 편안할 **일**
▪賊 해칠 **적**   ▪撤 거둘 **철**   ▪弊 폐해 **폐**

* 교자(巧者) ── 재주가 뛰어난 사람, 교활한 사람, 순수하지 못한 사람.

** 졸자(拙者) ── 어눌한 사람, 좀 부족한 사람. 여기서 졸자는 순수
한 사람, 순박한 사람, 꾀를 부릴 줄 모르는 사람을 뜻한다.

*** 염계(濂溪) ── 주돈이(周敦頤, 1017~1073)의 호가 염계이다. 송
학(宋學)의 시조. 주자(朱子)는 그를 가리켜 도학(道學 : 宋代의 신유
학)의 개조라고 칭하였다. 저서에 『태극도설(太極圖說)』, 『통서(通
書)』가 있으며, 「애련설(愛蓮說)」로도 유명하다.

■ 『장자』「열어구(列禦寇)」, "교자는 수고롭고 지자는 걱정이
많기 마련이다. 오히려 무능한 자는 구하는 일이 없어 배불리
먹고 마음껏 즐기니 마치 매여 있지 않은 배가 떠다니듯이
마음대로 노닌다."(巧者勞而知者憂, 无能者无所求, 飽食而遨遊,
汎若不繫之舟, 虛而遨遊者也.)

덕은 없는데 큰 것을 바라는 자는 화를 당한다

187 덕은 없는데 지위만 높고 지혜는 없는데 꾀하는 것
이 큰 사람치고 화(禍)를 당하지 않는 자가 드물다. 〈역(易)〉

易*에 曰, "德微而位尊하고 智小而謀大면 無禍者 鮮矣니

라.”

- 微 작을 미　　- 尊 높을 존　　- 謀 꾀할 모　　- 鮮 적을 선

* 역(易) ── 유교의 삼경의 하나인 『역경(易經)』을 말함. 『주역(周易)』 이라고도 하는데, 주역(周易)이란 글자 그대로 주(周)나라 시대의 역(易)이란 말이다. 상대되는 모든 사물과 현상들을 양과 음 두 가지로 구분하고 그 위치나 생태에 따라 끊임없이 변화한다는 것이 역의 원리이다. 현상은 끊임없이 변하나 그 원칙은 영원불변한 것으로 보고, 이 원칙을 인간사에 적용시켜 풀이한 것이 역이다.

■ 『주역』「계사하(繫辭下)」, “덕이 적으면서 지위가 높고, 지혜가 작으면서 도모함이 크고, 힘이 적으면서 임무가 무거우면 화가 미치지 않는 자가 드물다. 역(易, 주역)에, ‘솥의 발이 부러져 공(公, 윗사람 또는 군왕)에게 바칠 음식을 엎었으니 형벌이 무거워 흉하다’라고 하였으니 그 임무를 감당하지 못함을 이른 것이다.”(德薄而位尊, 知小而謀大, 力小而任重, 鮮不及矣! 易曰, 鼎折足, 覆公餗, 其形渥, 凶, 言不勝其任也.)

처음과 끝을 한결같이 하라

188 관리는 높은 자리에 앉게 되면서 나태해지기 시작하

고, 병(病)은 (좀 괜찮아지면 조심하지 않기 때문에) 조금 나아지는 데에서 악화되며, 재앙은 게으른 데서 생기고, 부모를 생각하는 마음은 처자식 때문에 식어지느니라. 이 네 가지를 잘 살펴서 처음과 끝을 한결같이 할지니라. 〈설원(說苑)〉

說苑*에 曰, "官怠於宦成하고 病加於小愈하며 禍生於懈惰하고 孝衰於妻子니, 察此四者하여 愼終如始니라."

· 苑 동산 원   · 怠 게으를 태   · 宦 벼슬 환   · 愈 병 나을 유
· 懈 게으를 해   · 惰 게으를 타   · 衰 쇠할 쇠

* 설원(說苑) ─ 중국 전한(前漢) 때 유향(劉向, B.C. 79?∼)이 지은 책. 춘추시대부터 한(漢)나라 초기까지의 선현(先賢)의 일화를 수록한 교훈적인 설화집으로서 위정자를 설득하기 위한 훈계독본으로 이용되었다.

■『도덕경』 64장, "사람들이 일을 처리하는 것을 보면 늘 성공을 앞둔 즈음에서 실패한다. 시작 때처럼 끝마침을 신중히 한다면 실패하는 일이 없을 것이다."(民之從事, 常於幾成而敗之. 愼終如始, 則無敗事.)

■『순자』「의병(議兵)」, "일을 하기에 앞서 생각을 신중히 하고 공경하는 마음으로 하여 끝을 시작과 같이 신중하게 처리하여 시종이 여일한 것, 이를 대길이라 한다."(慮必先事而申之以敬, 愼終如始, 終始如一, 夫是之謂大吉.)

■『시경』「대아大雅·탕지십蕩之什·탕蕩」, "시작은 있지 않은 이가 없으나, 끝이 있는 이가 드물다"(靡不有初, 鮮克有終.)

무엇이든 가득 차면 잃게 된다

189 (아무리 큰) 그릇도 가득 차면 넘치게 되고, 사람도 자만하면 무너지게 되느니라.

器滿則溢하고 人滿則喪이니라.
- 溢 넘칠 일   - 喪 잃을 상

시간을 아껴라

190 한 자나 되는 큰 구슬만 보배가 되는 것이 아니다. 1초의 시간을 아낄 줄 알아야 한다.

尺璧非寶요 寸陰是競이니라.
- 璧 구슬 벽   - 競 다툴 경

아무리 좋은 것도 모든 사람을 만족시킬 수는 없다

191 | 양고기 국이 아무리 맛이 좋아도 뭇 사람의 입맛을
맞추기는 어려우니라.

羊羹이 雖美나 衆口는 難調니라.
- 羹 국 갱   - 調 고를 조, 맞을 조

지혜 있는 자는 혼탁한 세상을 헤쳐 나간다

192 | 흰 옥(玉)은 진흙 속에 던져져도 그 빛이 더럽혀지지
않고, 군자(君子)는 혼탁한 곳에 가더라도 그 마음이 어지
럽혀지지 않느니라. 그러므로 소나무와 잣나무는 서리와
눈을 견디어 내고, 밝고 지혜 있는 이는 위기와 어려움을
헤쳐 나가느니라.

〈익지서(益智書)〉

益智書에 云, "白玉은 投於泥塗라도 不能汚穢其色이요, 君
子는 行於濁地라도 不能染亂其心하니, 故로 松柏은 可以耐
雪霜이요 明智는 可以涉危難이니라."

- 投 던질 투　　- 泥 진흙 니　　- 塗 진흙 도　　- 汚 더러울 오
- 穢 더러울 예　　- 濁 흐릴 탁　　- 染 물들 염　　- 柏 잣나무 백
- 耐 견딜 내　　- 涉 건널 섭

■ 연꽃은 진흙 속에서 피지만 더러움에 물들지 않는다는 말이
있다.

사실대로 말해 주기란 어려운 것이다

193 산에 들어가 호랑이를 잡기는 오히려 쉽지만, 남에
게 충고하기란 어려운 것이다.

入山擒虎는 易어니와, 開口告人은 難이니라.

- 擒 사로잡을 금　　- 易 쉬울 이

해설 곧이곧대로 말해 주면 원한을 사게 되고 또 큰 싸움이 일
어나게 된다. 그러므로 남에게 충고하는 것도 쉬운 일이 아니
다.

■ 『논어』「이인(里仁)」, "부모를 섬길 때에는 넌지시 간해야 하

는 것이다. 만일 부모님이 나의 간하는 말을 듣지 않으시더라
도 더욱 공경하고 거스르지 않으며 수고롭더라도 원망해서는
안 된다."(事父母幾諫, 見志不從, 又敬不違, 勞而不怨.)

■ 『예기』「곡례하(曲禮下)」, "신하된 자의 도리는 임금의 잘못
을 드러내어 간하지 않는 것이다. 세 번 간해도 듣지 않을 때
에는 그곳을 물러난다. 자식이 어버이를 섬기는 데 있어서도
세 번 간하여 받아들여지지 않으면 소리 높여 울고 그 다음
에는 어버이의 뜻을 따른다."(爲人臣之禮, 不顯諫. 三諫而不聽,
則逃之. 子之事親也, 三諫而不聽, 則號泣而隨之.)

먼 곳의 물은 가까운 곳의 불을 끌 수가 없다

194 │ 먼 곳의 물은 가까운 곳의 불을 끌 수가 없고, 먼 곳
의 친척은 가까운 곳의 이웃만 못하느니라.

遠水는 不救近火요, 遠親은 不如近隣이니라.

■ 우리말 속담에 "먼 사촌보다 가까운 이웃이 낫다"는 말이 있
다.
■ 『한비자』「설림상(說林上)」에 이런 이야기가 있다. 노목공(魯穆

公)이 한 아들은 진(晉)나라로 보내 진나라 임금을 섬기게 하
고 또 한 아들은 초(楚)나라로 보내 초왕을 섬기게 하여 이들
나라와 친분을 맺음으로써 위급할 때에 도움을 받으려고 하
였다. 그러자 이서(犁鉏)라는 신하가 충간하였다. "지금 물에
빠진 아이가 있는데 저 멀리 떨어져 있는 월(越)나라에 구원
을 청한다면 아무리 헤엄을 잘 치는 월나라 사람이라도 급히
올 수 없으니 아이는 죽고 말 것입니다. 불이 났을 때 먼 바
다에서 물을 길어다 끄려한다면 바닷물이 아무리 많다 해도
불을 끌 수가 없을 것입니다. 먼 곳의 물은 가까운 곳의 불을
끌 수 없는 이치입니다(遠水不救近火也). 진나라와 초나라가
비록 강국이라고는 하지만 우리 노나라와는 멀리 떨어져 있
고 제나라는 바로 이웃해 있으니, 도움이 되지 못합니다."

조심하는 자에겐 불행도 어쩌지 못한다

195 │ 해와 달이 아무리 밝아도 엎어놓은 항아리 밑은 비
추지 못하듯이, 칼날이 아무리 잘 들어도 죄 없는 사람의
목은 베지 못한다. 재앙과 뜻밖의 사고도 삼가고 조심하는
집안엔 들어오지 못하느니라.　　　　　　　　　　〈태공(太公)〉

太公이 曰, "日月이 雖明이나 不照 覆盆之下하고, 刀刃이 雖

快나 不斬無罪之人하고, 非災橫禍는 不入愼家之門이니
라.”

- 照 비칠 조　　- 覆 엎을 복　　- 盆 동이 분　　- 刃 칼날 인
- 快 잘 들 쾌　　- 災 재앙 재　　- 斬 벨 참

재산을 지키려 하기보다는 한 가지 기술을 익혀라

196 | 좋은 땅이 아무리 많아도 한 가지 재주만 못하느니라.

〈태공(太公)〉

太公이 曰, “良田萬頃이 不如 薄藝隨身이니라.”
- 薄 얇을 박　　- 藝 재주 예　　- 隨 따를 수

■ 『탈무드』에 “물고기를 주어라, 한 끼를 먹을 것이다. 물고기
　잡는 법을 가르쳐 주어라, 평생을 먹을 것이다”라는 말이 있다.

항상 자기 자신을 돌아보라

197 | 남을 대할 때에 중요한 점은 자기가 싫어하는 것을

남에게 강요하지 말고, 노력해도 얻지 못하는 것이 있거든
반성하여 자기 자신에게서 그 원인을 찾는 것이다.

<성리서(性理書)>

性理書에 云, "接物之要는 己所不欲을 勿施於人하고, 行有
不得이어든 反求諸己니라."
·接 댈 접, 맞을 접   ·反 돌이킬 반   ·諸 어조사 저

■ 『논어』「안연(顏淵)」, "중궁(仲弓, 공자의 제자)이 인에 대해
  묻자, 공자께서 말씀하셨다. '밖에 나가서는 큰 손님을 뵌 듯
  이 하고, 백성에게 일을 시킬 때에는 큰 제사를 받들 듯이 하
  며, 자신이 하고자 하지 않는 것을 남에게 시키지 마라. 이렇
  게 하면 백성들에게도 원망이 없고, 집안에도 원망이 없을 것
  이다.'"(仲弓問仁, 子曰, "出門如見大賓, 使民如承大祭, 己所不
  欲, 勿施於人, 在邦無怨, 在家無怨.")
■ 『맹자』「공손추장구상(公孫丑章句上)」, "인(仁)이란 활쏘기와
  같으니, 활을 쏘는 사람은 자신을 바르게 한 뒤 쏘아서 쏜 화
  살이 적중하지 않더라도 자기를 이긴 자를 원망하지 않고 돌
  이켜서 자신에게서 원인을 찾을 뿐이다."(仁者如射, 射者正己
  而後發, 發而不中, 不怨勝己者, 反求諸己而已矣.)

욕망에서 벗어나면 그것이 바로 신선이다

198 술과 여색, 재물과 혈기(방탕), 이 네 가지 울타리 속에 현명한 사람이나 어리석은 사람이나 할 것 없이 수많은 사람들이 들어가 있다. 만약 세상사람 중에 이곳으로부터 뛰쳐나오는 사람이 있다면, 그 사람은 신선처럼 죽지 않는 방법을 얻은 사람이다.

酒色財氣四堵墙에 多少賢愚在內廂이라. 若有世人이 跳得出이면 便是神仙不死方이니라.

- 堵 담 도　　- 墙 담 장　　- 廂 행랑 상　　- 跳 뛸 도

해설 술, 여자, 재물, 방탕. 이 네 가지에서 벗어나는 사람은 죽지 않는 신선처럼 영원하고도 훌륭한 명예를 얻게 된다.

교육

立教篇

인간으로서 중요한 여섯 가지

199 입신(立身)에는 효도가 근본이 되고, 상사(喪事)에는 슬퍼하는 것이 근본이 되고, 전쟁에는 용맹이 근본이 되고, 나라를 다스리는 데에는 농사가 근본이 되고, 나라를 보존하는 데에는 후계자를 세우는 일이 근본이 되고, 재산을 증식하는 데에는 노력이 근본이 되느니라. 〈공자(孔子)〉

子曰, "立身有義하니 而孝爲本이요, 喪紀有禮하니 而哀爲本이요, 戰陣有列하니 而勇爲本이요, 治政有理하니 而農爲本이요, 居國有道하니 而嗣爲本이요, 生財有時하니 而力爲本이니라."

- 紀 실마리 기　　- 陣 진칠 진　　- 嗣 이을 사

공평하고 청렴하고 검소하고 부지런해야 한다

200 나라를 다스리는 핵심은 공평함과 청렴함에 있고, 집안을 일으키는 방법은 검소함과 부지런함에 있다.

〈경행록(景行錄)〉

景行錄에 云, "爲政之要는 曰 '公與淸'이요, 成家之道는 曰 '儉與勤'이라."

• 儉 검소할 검

독서, 근면, 화목이 집안의 근본이다

201 책을 읽는 것은 집안을 일으키는 근본이며, 올바른 이치를 따르는 것은 집안을 보존하는 근본이며, 부지런하고 검소한 것은 집안을 다스리는 근본이며, 화목하고 공손한 것은 집안을 편안케 하는 근본이니라.

讀書는 起家之本이요, 循理는 保家之本이요, 勤儉은 治家之本이요, 和順은 齊家之本이니라.

• 循 따를 순　　• 保 보호할 보　　• 齊 가지런할 제

일생의 계획은 어릴 때 세워라

202 일생의 계획은 어릴 때에 있고, 한해의 계획은 봄에

있고, 하루의 계획은 새벽에 있다. 어려서 배우지 않으면 늙어서 아는 것이 없게 되고, 봄에 밭을 갈지 않으면 가을에 거둘 것이 없고, 새벽에 일어나지 않으면 하루의 일과를 판단하지 못하게 되느니라.*

〈공자(孔子)〉

孔子三計圖에 云, "一生之計는 在於幼하고, 一年之計는 在於春하고, 一日之計는 在於寅이니, 幼而不學이면 老無所知요, 春若不耕이면 秋無所望이요, 寅若不起면 日無所辦이니라."

▪寅 셋째 지지 인(시간으로는 오전 3~5시)　　▪耕 밭갈 경

* 하루의 일과를……못하게 되느니라 ▁ 늦게 일어나면 그날 무엇을 할까 하고 망설이다가 어영부영 하루를 보내고 만다는 뜻.

인간으로서 지켜야 할 다섯 가지 덕목

203 부모와 자식 사이에는 친근해야 하며, 임금과 신하 사이에는 의리가 있어야 하며, 남편과 아내 사이에는 구별이 있어야 하며(남편은 남편답고 아내는 아내다워야 한다), 어른과 어린이 사이에는 위계질서가 있어야 하며, 친구와

친구 사이에는 믿음이 있어야 하느니라.　　　〈성리서(性理書)〉

性理書에 云, "五敎之目은 父子有親하며 君臣有義하며 夫
婦有別하며 長幼有序하며 朋友有信이니라."

인간에게 중요한 세 가지 도리

204 임금은 신하의 근본(모범)이 되어야 하고, 아버지는
자식의 근본(모범)이 되어야 하고, 남편은 아내의 근본(모
범)이 되어야 하느니라.

三綱은 君爲臣綱이요 父爲子綱이요 夫爲婦綱이니라.

- 綱 벼리 강(벼리란, 그물의 위쪽 코를 꿰어 놓은 줄로서 이것을 잡아당겨 그물
  을 오므렸다 폈다 한다. 이로부터 사물을 총괄하여 규제하는 것, 즉 도덕·법
  칙·규율 등을 의미하는 말로 쓰이게 되었음)

충신은 두 임금을 섬기지 않는다

205 충성스러운 신하는 두 임금을 섬기지 않고, 지조 있

는 여성은 두 남자를 섬기지 않느니라.　　　　　〈왕촉(王蠋)〉

王蠋*이 曰, "忠臣은 不事二君이요, 烈女는 不更二夫니라."

- 蠋 나비애벌레 촉　　- 烈 절개 굳을 렬　　- 更 바꿀 경

* 왕촉(王蠋) ― 전국시대 때의 충신.

■ 『사기』「전단열전(田單列傳)」에 왕촉과 관련된 일화와 함께 본문의 글이 실려 있다.

공평하고 청렴해야 한다

206 관리를 임명할 때는 공평한 것이 으뜸이요, 재물을 대할 때는 청렴한 것이 으뜸이니라.　　　　　〈충자(忠子)〉

忠子*曰, "治官엔 莫若平이요, 臨財엔 莫若廉이니라."

- 廉 청렴 렴

* 충자(忠子) ― 미상.

인생에 대한 교훈

207 | 말할 때에는 반드시 성실하고 믿음성 있게 해야 하며, 행동할 때에는 신중하고 공손해야 하며, 음식을 먹을 때에는 조심하고 절제해야 하며, 글씨를 쓸 때에는 분명하고 바르게 써야 한다.

용모는 엄숙해야 하며, 의관은 단정해야 하며, 걸음걸이는 조용해야 하며, 거처는 바르고 고요해야 한다.

일할 적에는 반드시 계획을 세운 뒤에 시작하며, 말할 적에는 반드시 실천할 수 있는지를 생각한 뒤에 해야 하며, 덕은 반드시 굳게 가져야 하며, 승낙하는 것은 반드시 신중해야 한다.

남의 착함을 보거든 마치 자기의 일처럼 생각하며, 남의 악함을 보거든 마치 자신의 병처럼 여길지니라.

무릇 이 열네 가지는 모두 내가 깊이 살피지 못한 것들이다. 이 열네 가지를 좌우명으로 삼아 아침저녁으로 보면서 경책할지어다.

〈장사숙(張思叔)의 좌우명(座右銘)〉

張思叔*座右銘에 曰, "凡語를 必忠信하며, 凡行을 必篤敬하며, 飲食을 必愼節하며, 字劃을 必楷正하며, 容貌를 必端莊

하며, 衣冠을 必肅整하며, 步履를 必安詳하며, 居處를 必正靜
하며, 作事를 必謀始하며, 出言을 必顧行하며, 常德을 必固持
하며, 然諾을 必重應하며, 見善如己出하며, 見惡如己病하라.
凡此十四者는 皆我未深省이라. 書此當座隅하여 朝夕視爲
警하노라."

- 叔 아재비 숙　　- 座 자리 좌　　- 篤 도타울 독　　- 劃 그을 획
- 楷 바를 해　　- 貌 모양 모　　- 端 단정할 단　　- 莊 단정할 장
- 肅 엄숙 숙　　- 整 가지런할 정　　- 履 신 리　　- 詳 자세할 상
- 靜 고요할 정　　- 顧 돌아볼 고　　- 諾 허락할 낙　　- 隅 모퉁이 우

* 장사숙(張思叔) ▁ 중국 북송 때의 학자. 정이천(程伊川)의 제자이다.

처세와 일상생활에 대한 교훈

208 첫째, 조정(朝廷)에서의 이해(利害) 문제와 지방에서
올라오는 정보, 그리고 관직 임명에 대해서 말하지 말라.

　둘째, 지방 관원의 장점과 단점, 잘잘못에 대하여 말하지
말라.

　셋째, 여러 사람이 저지른 잘못과 나쁜 일에 대해서 말
하지 말라.

　넷째, 벼슬하여 관직에 나아가는 내막과 권력에 아부하

는 것에 대해 말하지 말라.

　다섯째, 재산과 이익의 많고 적음과 가난을 싫어하고 부를 바라는 말을 하지 말라.

　여섯째, 음탕하고 난잡한 행동과 여색(女色)에 대한 평을 말하지 말라.

　일곱째, 남에게 물건을 요구하거나 술과 먹을 것을 구하는 말을 하지 말라.

　그리고 남이 편지를 부탁하거든 뜯어보거나 지체하지 말며, 남과 함께 앉아 있을 적에 남의 사사로운 글을 엿보지 말며, 남의 집에 갔을 때 남의 글을 보지 말며, 남의 물건을 빌렸을 때에 손상하거나 떼어먹지 말며, 음식을 먹을 적에 가려먹지 말며, 남과 함께 있을 적에 자신이 편리한 대로만 하지 말며, 남의 부귀에 대하여 부러워하거나 헐뜯지 말라.

　무릇 이 몇 가지 일을 지키지 못한다면 그 사람의 마음 씀이 어질지 못하다고 할 수 있으니, 마음을 보존하고 자신을 연마하는 데 크게 해로울 것이다. 그러므로 이 좌우명을 써서 스스로 크게 경계하노라. 〈범익겸(范益謙)의 좌우명(座右銘)〉

范益謙[*] 座右銘에 曰, "一不言朝廷利害邊報差除요, 二不言州縣官員長短得失이요, 三不言衆人所作過惡之事요, 四不言仕進官職趨時附勢요,　五不言財利多少厭貧求富요, 六不言淫媒戲慢評論女色이요,　七不言求覓人物干索酒食이요, 又人附書信을 不可開坼沈滯요, 與人並坐에 不可窺人私書요, 凡入人家에 不可看人文字요, 凡借人物에 不可損壞不還이요, 凡喫飮食에 不可揀擇去取요, 與人同處에 不可自擇便利요, 凡人富貴를 不可歎羨詆毀니, 凡此數事에 有犯之者면 足以見用意之不肖니, 於存心修身에 大有所害라, 因書以自警하노라."

- 范 성 범　　- 謙 겸손할 겸　　- 縣 고을 현　　- 仕 벼슬 사
- 趨 추창할 추　　- 附 붙을 부　　- 厭 싫을 염　　- 淫 음란할 음
- 媒 거만할 설　　- 慢 거만할 만　　- 覓 찾을 멱　　- 干 구할 간
- 索 찾을 색　　- 坼 터질 탁　　- 沈 잠길 침　　- 滯 막힐 체
- 窺 엿볼 규　　- 壞 무너질 괴　　- 喫 먹을 끽　　- 揀 가릴 간
- 擇 가릴 택　　- 羨 부러워할 선　　- 詆 꾸짖을 저　　- 毀 헐뜯을 훼

* 범익겸(范益謙) ― 중국 남송시대 때의 학자.

같은 사람에게도 빈부와 귀천이 있다

209 무왕(武王)[*]이 태공(太公)에게 물었다.

"사람이 세상에 살아가는 데 있어 어찌하여 귀천과 빈부가 고르지 않습니까? 이에 대하여 설명하여 주십시오."

태공이 대답했다.

"큰 부귀는 성인의 덕과 같아서 하늘에 달려 있지만(큰 부귀는 타고나야 한다. 다만 부귀한 자와 가난한 자는 이런 점이 다르다), 부유한 자는 씀씀이가 절도가 있고 가난한 자는 그 집에 열 가지 도둑이 있기 때문에 고르지 않은 것입니다."

무왕이 물었다.

"열 가지 도둑이라니요?"

태공이 대답했다.

"익은 곡식을 제때에 거두어들이지 않는 것이 첫째의 도둑이요, 거두고 쌓는 것을 마치지 않는 것이 둘째의 도둑이요, 일없이 불을 켜놓고 잠자는 것이 셋째의 도둑이요, 게을러서 제때에 밭을 갈지 않는 것이 넷째의 도둑이요, 노력하지 않는 것이 다섯째의 도둑이요, 오로지 교활하고 해로운 일만 하는 것이 여섯째의 도둑이요, 딸이 너무 많은 것이 일곱째의 도둑이요(딸이 너무 많으면 시집보낼 밑천이 많이 들기 때문임), 낮잠을 자고 아침에 늦게 일어나는 것이 여덟째의 도둑이요, 술을 좋아하고 욕망을 즐기는 것이 아홉째의 도둑이요, 심하게 질투를 하는 것이 열째의 도둑입니다."

무왕이 또 물었다.

"집안에 이 열 가지 도둑이 없는데도 부유하지 못한 것은 어째서입니까?"

태공이 대답했다.

"그런 사람의 집에는 반드시 세 가지 낭비하는 것이 있을 것입니다."

무왕이, "무엇이 세 가지 낭비하는 것입니까?"라고 물으니, 태공이 대답하였다.

"첫째는 창고가 새는데도 막지 않아서 쥐와 새들이 어지러이 먹어대는 대로 두는 것이요, 둘째는 거두고 심는 때를 놓치는 것이요, 셋째는 곡식을 땅에 흘려서 더럽히고 천하게 하는 것입니다."

무왕이 말하였다.

"집안에 이 세 가지 낭비하는 것이 없는데도 부유하지 못한 것은 어째서입니까?"

태공이 대답했다.

"그런 사람의 집에는 반드시 잘못함[錯]과 그름[誤]과 어리석음[痴]과 과실[失]과 인륜을 거역함[逆]과 상서롭지 못함[不祥]과 상스러움[奴]과 천박함[賤]과 우둔함[愚]과 뻔뻔스러움[强]이 있어서 스스로 재앙을 불러들인 것일 뿐, 하늘이 재앙을 내린 것이 아닙니다."

무왕이 또 말하였다.

"더 자세히 설명해 주십시오."

태공이 말했다.

"자식을 기르면서 가르치지 않는 것이 첫째 잘못[錯]이요, 어린아이를 교육하지 않는 것이 둘째 그름[誤]이요, 처음 며느리를 맞아들여서 엄하게 가르치지 않는 것이 셋째 어리석음[痴]이요, 말하기 전에 먼저 웃는 것이 넷째 과실[失]이요, 부모를 봉양하지 않는 것이 다섯째 거스름[逆]이요, 밤에 알몸으로 일어나는 것이 여섯째 상서롭지 못함[不祥]이요, 남의 활을 당기기를 좋아하는 것이 일곱째 상스러움[奴]이요, 남의 말을 타기를 좋아하는 것이 여덟째 천함[賤]이요, 남의 술을 얻어 마시면서 다른 사람에게 권하는 것이 아홉째 어리석음[愚]이요, 남의 밥을 먹으면서 벗에게 권유하는 것이 열째 뻔뻔함[强]입니다."

무왕이 감탄하였다.

"정말 훌륭하고 진실한 말씀입니다."

〈무왕과 태공의 대화〉

武王이 問太公曰, "人居世上에 何得貴賤貧富不等고? 願聞 說之하여 欲知是矣로다." 太公이 曰, "富貴는 如聖人之德하 여 皆由天命이어니와, 富者는 用之有節하고 不富者는 家有 十盜니이다."

武王이 曰, "何謂十盜닛고?" 太公이 曰, "時熟不收爲一盜 요, 收積不了爲二盜요, 無事燃燈寢睡爲三盜요, 慵懶不耕 爲四盜요, 不施功力爲五盜요, 專行巧害爲六盜요, 養女太 多爲七盜요, 晝眠懶起爲八盜요, 貪酒嗜慾爲九盜요, 强行 嫉妬爲十盜니이다."

武王이 曰, "家無十盜而不富者는 何如닛고?" 太公이 曰, "人家에 必有三耗니이다." 武王이 曰, "何名三耗닛고?" 太公 이 曰, "倉庫漏濫不蓋하여 鼠雀亂食이 爲一耗요, 收種失時 이 爲二耗요, 抛撒米穀穢賤이 爲三耗니이다."

武王이 曰, "家無三耗而不富者는 何如닛고?" 太公이 曰, "人家에 必有一錯 二誤 三痴 四失 五逆 六不祥 七奴 八賤 九愚 十强하여 自招其禍요 非天降殃이니이다."

武王이 曰, "願悉聞之하노이다." 太公이 曰, "養男不教訓이 爲一錯이요, 嬰孩不訓이 爲二誤요, 初迎新婦不行嚴訓이 爲

三痴요, 未語先笑 爲四失이요, 不養父母이 爲五逆이요, 夜
起赤身이 爲六不祥이요, 好挽他弓이 爲七奴요, 愛騎他馬이
爲八賤이요, 喫他酒勸他人이 爲九愚요, 喫他飯命朋友이 爲
十强이니이다."

武王이 曰, "甚美誠哉라, 是言也여."

- 熟 익을 숙
- 了 마칠 료
- 燃 탈 연
- 燈 등 등
- 寢 잠잘 침
- 睡 졸음 수
- 慵 게으를 용
- 懶 게으를 라
- 嗜 즐길 기
- 嫉 투기할 질
- 妬 투기할 투
- 耗 소모할 모
- 倉 곳집 창
- 庫 곳집 고
- 漏 샐 루
- 濫 넘칠 람
- 蓋 덮을 개
- 鼠 쥐 서
- 雀 참새 작
- 抛 버릴 포
- 撒 뿌릴 살
- 穀 곡식 곡
- 穢 더러울 예
- 錯 그릇될 착
- 誤 그릇될 오
- 痴 어리석을 치
- 祥 상서로울 상
- 招 부를 초
- 悉 다 실
- 嬰 어릴 영
- 孩 어릴 해
- 挽 당길 만
- 騎 말탈 기

* 무왕(武王) ― B.C. 1169~B.C. 1116. 중국 주(周) 문왕(文王)의 아들.
  주(周)나라의 제2대 왕이며, 사실상의 창건자임.

정 치

治政篇

관리라면 반드시 물품을 아껴야 한다

2 10 처음 관직에 나간 사람이 진실로 물건을 아끼는 데에 마음을 둔다면 반드시 다른 사람들에게 도움을 받게 될 것이다.

〈명도(明道)〉

明道*先生이 曰, "一命之士 苟存心於愛物이면 於人에 必有所濟니라."

* 명도(明道) ── 1032~1085. 정호(程顥)를 이름. 명도(明道)는 그의 호. 중국 북송 때의 대학자. 아우 정이(程頤)와 함께 이정자(二程子), 또는 정자(程子)로 불린다.

그대들이 받는 봉급은 모두 백성들의 피땀이다

2 11 위에는 지휘하는 사람이 있고 중간에는 관리하는 사람이 있으며 아래로는 따르는 자가 있다. 비단옷을 입고 창고에 있는 곡식을 먹으니 그대들이 받는 봉록은 모두가

다 백성들의 피와 땀이다. 백성들을 학대하기는 쉬워도 하늘을 속이기는 어려우니라. 〈송태종(宋太宗)〉

宋太宗* 御製에 云, "上有麾之하고 中有乘之하고 下有附之하여 幣帛衣之요 倉廩食之하니, 爾俸爾祿이 民膏民脂니라. 下民은 易虐이어니와 上天은 難欺니라."

- 御 임금에 관한 사물이나 행위에 붙이는 경칭 어   · 製 지을 제
- 麾 부를 휘   · 乘 탈 승   · 幣 폐백 폐   · 帛 비단 백
- 廩 쌀 곳간 름   · 爾 너 이   · 俸 녹 봉   · 膏 기름 고
- 脂 기름 지   · 虐 사나울 학   · 欺 속일 기

* 송태종(宋太宗) ▬ 939~997. 중국 북송의 제2대 임금. 재위 기간은 976~997.

관직에 있는 자는 청렴, 신중, 근면해야 한다

2.12 관직에 있는 사람으로서 마땅히 지켜야 할 세 가지가 있으니, 청렴함과 신중함과 근면함이다. 이 세 가지를 알면 어떻게 처신해야 할지 알게 될 것이다. 〈동몽훈(童蒙訓)〉

童蒙訓* 에 曰, "當官之法이 唯有三事하니, 曰淸 曰愼 曰勤

이라. 知此三者면 則知所以持身矣니라."

- 蒙 어릴 몽

* 동몽훈(童蒙訓) ── 중국 송나라 때 여본중(呂本中)이 지은 책.

관직에 있는 자는 화를 내면 안 된다

213
관직에 있는 자는 반드시 성냄을 삼가라. 옳지 못한 일이 있더라도 자상하게 처리하면 반드시 제대로 처리될 것이다. 그러나 만일 화부터 낸다면 자신만 해롭게 할 뿐, 남에게 아무런 영향을 줄 수 없다.

當官者는 必以暴怒爲戒하여 事有不可어든 當詳處之면 必無不中이어니와, 若先暴怒면 只能自害라, 豈能害人이리오.

- 暴 갑자기 폭   - 怒 성낼 노   - 戒 경계할 계   - 詳 상세할 상
- 中 맞을 중

관직에 있는 자의 태도

214
관직에 있는 자는 임금 섬기기를 부모 섬기듯 할 것

210

이며, 윗사람 섬기기를 형 섬기듯 할 것이며, 동료 대하기를 집안사람 대하듯 할 것이며, 아랫사람 대하기를 자기 집에서 일하는 사람 대하듯 할 것이며, 백성 사랑하기를 처자식 사랑하듯 할 것이며, 나랏일 처리하기를 집안일 처리하듯이 하여야 한다. 그런 뒤에야 내 마음을 다했다고 할 수 있는 것이다. 만약 털끝만치라도 다하지 못한 점이 있다면 그것은 모두가 다 정성을 다하지 않았기 때문이니라.

事君을 如事親하며, 事官長을 如事兄하며, 與同僚를 如家人하며, 待群吏를 如奴僕하며, 愛百姓을 如妻子하며, 處官事를 如家事然後에 能盡吾之心이니, 如有毫末不至면 皆吾心에 有所未盡也니라.

- 僚 동료 료   ▪ 待 대할 대   ▪ 群 무리 군   ▪ 吏 관리 리
- 奴 종 노   ▪ 僕 종 복   ▪ 毫 터럭 호

윗사람으로서 아랫사람을 대하는 자세

2 15 어떤 사람이 물었다.

"부(簿)는 영(令 : 현령)을 보좌하는 자입니다. 부가 하고자 하는 바를 현령이 따르지 않을 경우에는 어떻게 해야

합니까?”

이천(伊川)[*] 선생이 대답했다.

“마땅히 성의로써 감동시켜야 한다. 현령과 부가 뜻이 맞지 않는 것은 사사로운 마음으로 다투기 때문이다. 현령은 한 고을의 장관이므로 아버지와 형을 섬기는 도리로써 섬겨야 하며, 잘못된 일은 자신에게 돌리고 잘한 일은 현령에게 돌리도록 해야 하느니라. 이처럼 성의를 다한다면 어찌 마음을 움직이지 못할 사람이 있겠는가?”〈정이천(程伊川)〉

或이 問, “簿는 佐令者也니, 簿所欲爲를 令或不從이면 奈何닛고?” 伊川 先生이 曰, “當以誠意動之니라. 今令與簿不和는 便是爭私意요, 令은 是邑之長이니 若能以事父兄之道로 事之하여 過則歸己하고, 善則唯恐不歸於令하여 積此誠意면 豈有不動得人이리오.”

- 簿 문서 부, 다스릴 부　　- 佐 도울 좌　　- 令 현령 령　　- 奈 어찌 내
- 伊 저 이　　- 爭 다툴 쟁

* 이천(伊川) ▰▰ 1033~1107. 정이(程頤)를 이름. 이천(伊川)은 호. 북송 때의 대학자. 이천백(伊川伯)에 봉하여졌으므로 이천 선생이라 불림. 형 정호(程顥)와 함께 주렴계(周濂溪)에게 배웠고, 형과 아울러 ‘이정자(二程子)’라 불림. 특히 『역경(易經)』에 대한 연구가 깊었음. 저서에 『역전(易傳)』 4권이 있음.

자기가 올바르면 남도 저절로 바르게 된다

216 유안례(劉安禮)[*]가 백성을 대하는 도리에 대해 묻자, 명도(明道) 선생이 말씀하셨다.

"백성들 한 사람 한 사람 모두가 다 자기 뜻을 펼 수 있게 할지니라."

이어, 부하 거느리는 도리에 대하여 물으니 이렇게 말씀하셨다.

"자기를 바르게 한 뒤에 남을 바르게 할 수 있느니라."

〈정명도(程明道)〉

劉安禮 問臨民한대 明道 先生이 曰, "使民으로 各得輸其情이니라." 問御吏한대 曰, "正己以格物이니라."

· 劉 성 류　　· 輸 바칠 수, 다할 수　　· 御 거느릴 어　　· 格 바를 격

* 유안례(劉安禮) ― 중국 북송 때의 사람.

■ 『맹자』「진심장구상(盡心章句上)」, "대인(大人)이라고 말할 수 있는 이가 있으니, 그는 자기 몸을 바르게 함과 동시에 타인도 바르게 하는 자이다."(有大人者, 正己而物正者也.)

■ 격물치지(格物致知) : 『대학(大學)』에 나오는 말. 사물의 이치를 추구하고 또 추구해 가면 결국 앎이 분명해진다는 뜻. 주

희는 격(格)을 이른다[至]는 뜻으로 해석하여 모든 사물의 이치(理致)를 끝까지 파고 들어가면 앎에 이른다[致知]고 하는, 이른바 '성즉리설(性卽理說)'을 확립하였고, 왕양명은 양지(良知)를 얻기 위해서는 사람의 마음을 어둡게 하는 물욕(物欲)을 물리쳐야 한다고 주장하여, 격을 물리친다는 뜻으로 풀이한 '심즉리설(心卽理說)'을 확립하였다.

죽더라도 바르게 말하는 자가 충신이다

2 17
도끼에 맞아 죽는 한이 있더라도 바른 말로 간하며, 끓는 가마솥에 들어가는 한이 있더라도 옳은 말을 하라. 이런 사람이 바로 충신(忠臣)이다.　　　　　　〈포박자(抱朴子)〉

抱朴子*曰, "迎斧鉞而正諫하며 據鼎鑊而盡言이면 此謂忠臣也니라."

- 抱 안을 포　　　・斧 도끼 부　　　・鉞 도끼 월　　　・諫 간할 간
- 據 웅거할 거　　・鼎 솥 정　　　　・鑊 가마솥 확

* 포박자(抱朴子) ── 갈홍(葛洪, 283~343)이 지음. 중국의 신선방약(神仙方藥)과 불로장수의 비법을 서술한 도교 서적. 갈홍은 노장(老莊)사상을 기초로 하여 신선사상을 도교의 중심에 놓고, 누구나 선인(仙人)이 될 수 있음을 강조하였다.

214

가 정

治家篇

어른에게 물은 뒤에 행하라

218
아랫사람과 어린이는 크고 작은 일을 막론하고 제 멋대로 하지 말고, 반드시 어른들께 여쭌 뒤에 행해야 하느니라.

〈사마온공(司馬溫公)〉

司馬溫公이 曰, "凡諸卑幼 事無大小히 毋得專行하고 必咨稟於家長이니라."

- 卑 낮을 비
- 毋 말 무
- 專 오로지 전
- 咨 물을 자
- 稟 여쭐 품

생활은 검소해야 한다

219
손님을 접대할 적에는 부족함 없이 하라. 그러나 집안을 다스릴 적에는 검소하게 해야 하느니라.

待客에 不得不豐이요, 治家에 不得不儉이니라.

- 待 대할 대
- 豐 풍성할 풍

어리석은 남자는 아내를 두려워한다

220 어리석은 남자는 아내를 두려워하고, 현명한 아내는
남편을 공경하느니라.
〈태공(太公)〉

太公이 曰, "痴人은 畏婦하고, 賢女는 敬夫니라."

- 痴 어리석을 치
- 畏 두려울 외
- 賢 어질 현

🔲 양처와 악처

■ 고대 그리스의 철학자 소크라테스는 이렇게 말했다. "그대가
양처(良妻)를 갖게 되면 행복한 남자가 되는 것이고, 악처(惡
妻)를 만나게 된다면 철학자가 될 것이다."

아랫사람의 어려움을 생각하라

221 아랫사람이나 일꾼들을 부릴 적에는 먼저 그들의
춥고 배고픔을 생각할지니라.

凡使奴僕에 先念飢寒이니라.

- 奴 종 노
- 僕 종 복
- 飢 주릴 기

집안이 화목하면 모든 일이 잘 된다

222 자식이 효도하면 부모님이 즐겁고, 집안이 화목하면 모든 일이 잘 이루어지느니라.

子孝雙親樂이요 家和萬事成이니라.

- 雙 두 쌍

불과 도적을 조심하라

223 어느 때든 항상 불조심하고 밤에는 도적을 방비할지니라.

時時防火發하고 夜夜備賊來니라.

- 防 막을 방
- 備 갖출 비

한 집안의 흥망성쇠는 부지런함에 달려 있다

224 아침과 저녁의 이르고 늦음을 보면 그 집안의 흥망
성쇠를 알 수 있느니라.　　　　　　　　　　〈경행록(景行錄)〉

　　景行錄에 云, "觀朝夕之早晏하여 可以卜人家之興替니라."
　　▪觀 볼 관　　▪早 이를 조　　▪晏 늦을 안　　▪卜 점칠 복
　　▪替 폐할 체

혼인할 때 돈을 따지는 것은 오랑캐의 법도이다

225 혼인을 하는데 재물의 많고 적음을 따지는 것은 오
랑캐들이나 하는 짓이니라.　　　　　　　　　〈문중자(文中子)〉

　　文仲子*曰, "婚娶而論財는 夷虜之道也니라."
　　▪婚 혼인할 혼　　▪娶 장가들 취　　▪夷 오랑캐 이　　▪虜 오랑캐 로

* 문중자(文中子) ― 중국 수(隋)나라의 사상가 왕통(王通, 584~617)
의 시호이자, 그가 찬(撰)한 책의 제호(題號)이기도 함. 『사고전서(四
庫全書) 총목제요(總目提要)』에는 「유가류(儒家類)」에 수록되어 있
는데, 후세에 가탁(假託)된 위서(僞書)라는 설도 있다. 『논어(論語)』
를 모방하여 대화의 형식으로 씌어져 있는데, 불교가 널리 성하였
던 당시에 『논어』의 참뜻을 밝혔다는 점에서 높이 평가된다.

일찍이 사마온공(司馬溫公)은 인륜지대사인 혼인과 관련하여 다음과 같이 역설하였다.

혼인을 의논함에 마땅히 먼저 그 사위와 며느리의 성품이나 행동 및 집안의 법도가 어떠한지를 살펴야지 구차하게 그 부귀를 흠모해서는 안 된다. 사위가 진실로 어질다면 지금 비록 가난하고 천하다고 해도 어찌 훗날에 부귀하지 못하겠는가? 진실로 불초(不肖)하다면 지금 부유하고 넉넉하다고 해도 어찌 훗날에는 빈천해지지 않으리라 장담할 수 있겠는가? 또 며느리는 집안의 성쇠와 관련이 있으니, 구차하게 한때의 부귀를 흠모하여 맞이하면 며느리가 그 부귀를 믿고서 지아비를 업신여기고 그 시부모를 업신여기게 되는 것이다. 또한 교만하고 질투하는 습성을 기르지 않는 자가 드무니, 후일 근심이 끝이 없게 될 것이다.

우애

安義篇

친족 간에는 돈독해야 한다

226 먼저 사람이 있은 뒤에 부부가 있고, 부부가 있은 뒤에 부자가 있고, 부자가 있은 뒤에 형제가 있는 것이니, 한 집안의 친족은 이 세 가지뿐이다. 여기서 9족(九族)*에 이르기까지 모두 이 삼친(三親 : 부부·부자·형제)에 근본을 두고 있다. 삼친은 인륜에 있어 가장 중요한 것이니 돈독히 하지 않으면 안 된다.

〈안씨가훈(顔氏家訓)〉

顔氏家訓**에 曰, "夫有人民而後에 有夫婦하고, 有夫婦而後에 有父子하고, 有父子而後에 有兄弟하니, 一家之親은 此三者而已矣라. 自玆以往으로 至于九族히 皆本於三親焉故로 於人倫에 爲重也니 不可不篤이니라."

- 顔 얼굴 안   · 玆 이 자   · 倫 인륜 륜   · 篤 도타울 독

*9족(九族) ▮ 본인을 기준으로 하여 위로 고조(高祖)까지, 그리고 아래로는 고손(高孫)까지의 모든 친척을 9족이라고 한다.

** 안씨가훈(顔氏家訓) ▮ 중국 남북조(南北朝) 시대 말기의 안지추(顔之推, 531~591)가 자손을 위하여 저술한 교훈서. 가족도덕은 물론 학문, 교양, 사상, 생활양식과 태도, 처세와 교제방법, 언어, 예술 등에 이르기까지 다양한 내용을 구체적인 체험과 풍부한 사례를 바탕으로 하여 서술하고 있다. 당시 귀족생활의 실태를 아는 데 중요한 자료가 되고 있다.

형제는 손발과 같다

227 형제는 손발과 같고 부부는 옷과 같다. 의복이 떨어졌을 때에는 다시 새것으로 갈아입을 수 있지만 손발이 잘린 곳은 잇기가 어려우니라. 〈장자(莊子)〉

莊子曰, "兄弟는 爲手足하고 夫婦는 爲衣服이니, 衣服破時엔 更得新이어니와 手足斷處엔 難可續이니라."

· 破 깨뜨릴 파　　· 斷 끊을 단　　· 續 이을 속

참다운 대장부

228 부유한 사람이라고 하여 아부하지도 않고 가난한 사람이라고 하여 박대하지도 않는 사람, 이런 사람을 대장부라고 한다. 반대로 부유하다고 가깝게 지내고 가난하다고 멀리 하는 것, 이것은 참으로 소인배의 행동이니라.
〈소동파(蘇東坡)〉

蘇東坡云, "富不親兮貧不疎는 此是人間大丈夫요, 富則進兮貧則退는 此是人間眞小輩니라."

· 蘇 깨어날 소　　· 坡 언덕 파　　· 疎 성글 소　　· 輩 무리 배

예 의

遵禮篇

예의와 질서가 있어야 한다

229 집안에 예의가 있어야 어른과 아이의 구분이 있고, 규문(閨門)*에 예의가 있어야 삼족(三族 : 온 집안)이 화목하고, 조정(朝廷)에 예의가 있어야 관직에 질서가 잡히고, 사냥하는 데 예의가 있어야 혼란스럽지 않고(예의가 없으면 서로 먼저 사냥하려고 한다), 군대에 예의가 있어야 군공(軍功)을 논할 수 있는 것이다. 〈공자(孔子)〉

子曰, "居家有禮故로 長幼辨하고, 閨門有禮故로 三族和하고, 朝廷有禮故로 官爵序하고, 田獵有禮故로 戎事閑하고, 軍旅有禮故로 武功成이니라."

- 辨 분변할 변
- 閨 안방 규
- 爵 벼슬 작
- 獵 사냥할 렵
- 戎 군대 융
- 旅 군대 려

* 규문(閨門) ─ 여인이 거처하는 방. 즉 한 집안에서 그 누구보다도 아낙네들이 예의범절이 있어야 집안이 화목하게 된다.

예의가 없으면 도둑질을 하게 된다

230 군자(벼슬아치)가 용맹만 있고 예의가 없으면 난(亂)

을 일으키게 되고, 소인이 용맹만 있고 예의가 없으면 도
둑질을 하게 되느니라.   〈공자(孔子)〉

子曰, "君子 有勇而無禮면 爲亂하고, 小人 有勇而無禮면
爲盜니라."

■ 본문의 공자 말씀은 『논어』 「양화(陽貨)」에 나온다. 자로가
'군자는 용맹을 숭상하느냐'(君子尙勇乎?)라고 물은 것에 대
해 공자께서 '군자는 의를 으뜸으로 삼는다'(君子義以爲上)라
고 하신 말씀에 이어지는 구절이다.
■ 『논어』 「태백(泰伯)」, "공손하되 예의가 없으면 헛수고이고,
삼가되 예의가 없으면 겁쟁이이고, 용맹하되 예의가 없으면
난폭하게 되고, 강직하되 예의가 없으면 신랄하게 된다."(恭
而無禮則勞, 愼而無禮則葸, 勇而無禮則亂, 直而無禮則絞.)
■ 『순자』 「수신(修身)」, "그러므로 사람으로서 예의가 없으면
살지 못하고, 일을 하는 데 있어 예의가 없으면 일을 이루지
못하며, 나라에 예의가 없으면 편안하지 못하다."(故人無禮則
不生, 事無禮則不成, 國家無禮則不寧.)

세상을 다스리는 데에는 덕이 으뜸이다

231 조정(朝廷)에서는 관직이 높은 것보다 더한 것이 없

고, 마을에서는 나이가 많은 것보다 더한 것이 없으며, 세
상을 잘 다스리는 데에는 덕이 높은 것보다 더한 것이 없
다.

〈증자(曾子)〉

曾子*曰, “朝廷엔 莫如爵이요, 鄕黨엔 莫如齒요, 輔世長民
엔 莫如德이니라.”

- 曾 일찍 증　　- 爵 벼슬 작　　- 鄕 시골 향　　- 黨 무리 당
- 齒 연치 치　　- 輔 도울 보

* 증자(曾子) ── B.C. 506~B.C. 436. 중국 춘추시대(春秋時代) 때의 유
학자. 이름은 삼(參). 자는 자여(子輿). 증점(曾點)의 아들. 공자(孔子)
의 고제(高弟)로 효심이 두텁고 내성궁행(內省躬行)에 힘썼으며, 노
(魯)나라 지방에서 제자들의 교육에 주력하였다.

■ 『맹자』, 「공손추장구하(公孫丑章句下)」, “천하에서 공통적으
로 높이는 것에 셋 있으니, 관직이 그 하나요, 나이가 그 하나
요, 덕이 그 하나이다. 조정에는 관직만한 것이 없고(서열상
관직이 우선이고), 마을(사회적)에서는 나이만한 것이 없고(나
이가 우선), 세상을 잘 다스리고 백성을 잘 되게 하는 데는 덕
만한 것이 없다.”(天下有達尊三, 爵一, 齒一, 德一. 朝廷莫如爵,
鄕黨莫如齒, 輔世長民莫如德.)
■ 『장자』 「천도(天道)」, “종묘에서는 친족을 귀하게 여기고, 조

정에서는 지위가 높은 자를 귀하게 여기며, 마을에서는 연장자를 귀하게 여기며, 일을 할 때는 현명한 사람을 귀하게 여기니 이것이 도의 질서이다."(宗廟尙親, 朝廷尙尊, 鄕黨尙齒, 行事尙賢, 大道之序也.)

인간의 도리는 하늘이 정한 것이다

232 노인과 젊은이, 어른과 어린이의 상하 질서는 태어날 때부터 정해진 것이다. 그러므로 이치와 도리를 어겨서는 안 되느니라.

老少長幼는 天分秩序니, 不可悖理而傷道也니라.

▪秩 차례 질　　▪悖 어그러질 패　　▪傷 상할 상

항상 조심하고 신중하라

233 집 밖을 나가서는 마치 귀한 손님을 만나는 것처럼 행동하고, 집 안에 들어와서는 마치 누군가 있는 것처럼 조심 할지니라.

出門如見大賓하고, 入室如有人이니라.

•賓 손 빈　　•室 집 실

먼저 남을 소중히 생각하라

234 | 다른 사람이 나를 소중하게 대해 주기를 바란다면
내가 먼저 남을 소중하게 대할지니라.

若要人重我인댄 無過我重人이니라.

부자간에는 지나치게 책망해서는 안 된다

235 | 아버지는 자식의 사람 됨됨이를 말하지 말 것이며,
자식은 아버지의 허물을 말하지 말지니라.

父不言子之德하며, 子不談父之過니라.

•談 말씀 담

해설 아버지와 자식 사이는 가까워야 한다. 그러나 부자간에

230

자꾸만 책망하게 되면 결국 부자 사이는 멀어지게 된다. 물론 자식을 꾸짖어야 할 일도 많고, 또 아버지에게 충언을 해야 할 때도 있지만 정도에 지나치게 되면 오히려 멀어지게 되는 것이다.

■ 『예기』「내칙(內則)」, "부모님께 과실이 있을 때에는 얼굴색을 온화하게 하고 목소리를 부드럽게 하여 간해야 한다. 만일 간하여도 들어주지 않으시면 공경하고 효도하여 기뻐한 뒤에 다시 간해야 한다."(父母有過, 下氣怡色, 柔聲以諫, 諫若不入, 起敬起孝, 說則復諫.)

언 어

言語篇

이치에 맞지 않는 말은 하지 않는 것만 못하다

236 | 말이 이치에 맞지 않는다면 차라리 하지 않는 것만
못하느니라. 〈유회(劉會)〉

劉會*曰, "言不中理면 不如不言이니라."

* 유회(劉會) ── 누구인지 알 수 없음.

■ 『채근담』, "열 마디 말 가운데 아홉 마디 말이 옳다고 해도
대단하다는 칭찬은 없다. 하지만 한 마디만 맞지 않아도 원망
하는 소리가 사방에서 들려온다.……이것이 바로 군자가 침
묵할지언정 떠들지 않고, 서툰 척 할지언정 재주를 부리지 않
는 이유이다."(十語九中, 未必稱奇. 一語不中, 則愆尤騈集.……
君子, 所以寧默, 毋躁, 寧拙, 毋巧.)

천 마디 말보다 이치에 맞는 말 한마디가 더 중요하다

237 | 한마디 말이 이치에 맞지 않으면 천 마디 말도 쓸
데가 없게 되느니라.

一言不中이면 千語無用이니라.

입은 재앙을 초래하는 화근이다

238 | 입과 혀는 근심과 재앙을 불러들이는 문이요, 자신
을 망치게 하는 도끼와 같은 것이다. 〈군평(君平)〉

君平*이 曰, "口舌者는 禍患之門이요 滅身之斧也니라."
▪患 근심 환   ▪滅 멸할 멸   ▪斧 도끼 부

* 군평(君平)—— 엄군평(嚴君平). 중국 전한(前漢) 무제 때 사람.

따뜻한 말 한마디는 천금과 같다

239 | 사람을 이롭게 하는 말은 따뜻하기가 솜과 같고, 사
람을 상하게 하는 말은 날카롭기가 가시와 같다. 사람을
이롭게 하는 말 한마디는 소중하기가 천금과 같고, 사람을
상하게 하는 말 한마디는 아프기가 칼에 베이는 것과 같으
니라.

利人之言은 煖如綿絮하고 傷人之語는 利如荊棘하여 一言
利人에 重値千金이요 一語傷人에 痛如刀割이니라.

- 煖 따뜻할 난　　- 綿 솜 면　　- 絮 솜 서　　- 荊 가시 형
- 棘 가시나무 극　　- 値 값 치　　- 傷 상할 상　　- 痛 아플 통
- 割 벨 할

악한 말은 날카로운 칼날과 같다

240 입은 사람을 상하게 하는 도끼와 같고 말은 혀를 베
는 칼과 같다. 그러므로 입을 막고 혀를 깊이 감춘다면 어
디를 가든지 편안할 수 있을 것이다.

口是傷人斧요 言是割舌刀니, 閉口深藏舌이면 安身處處牢
니라.

- 斧 도끼 부　　- 閉 닫을 폐　　- 藏 감출 장　　- 牢 굳을 뢰

자신의 생각을 다 말하지 말고 30%만 하라

241 사람을 만나 이야기 할 적엔 자기의 생각을 다 털어

놓지 말고 30%만 말하라. 호랑이의 입이 무서운 것이 두려운 것이 아니라, 세상 사람들의 두 마음이 무섭기 때문이니라.

逢人且說三分話하되 未可全抛一片心이니, 不怕虎生三個口요 只恐人情兩樣心이니라.
- 逢 만날 봉　　- 抛 던질 포　　- 片 조각 편　　- 怕 두려울 파
- 樣 모양 양

맞지 않는 말은 한마디도 많은 것이다

242｜술이란 나를 알아주는 사람을 만나면 천 잔도 적고, 말이란 해야 할 때가 아니면 한마디도 많은 것이다.

酒逢知己 千鍾少요, 話不投機 一句多니라.
- 逢 만날 봉　　- 鍾 술잔 종　　- 投 맞을 투　　- 機 기틀 기

친구

交友篇

착한 사람은 난초와 같다

243 착한 사람과 함께 살면 마치 난초가 있는 방에 들어간 것과 같아서 시간이 흐르면 비록 그 향기를 맡지는 못하나 곧 그 향기에 동화되고, 나쁜 사람과 함께 살면 비린내 나는 생선가게에 들어간 것과 같아서 시간이 흐르면 비록 그 냄새를 맡지는 못하나 그 냄새에 물들어 버린다. 붉은 주사(朱砂)*를 가지고 있는 자는 붉어지고 검은 옻(漆)을 가지고 있는 자는 검어지는 것처럼 훌륭한 사람은 반드시 자신이 거처할 곳을 가려야 하느니라. 〈공자(孔子)〉

子曰, "與善人居에 如入芝蘭之室하여 久而不聞其香이나 卽與之化矣요, 與不善人居에 如入鮑魚之肆하여 久而不聞其臭나 亦與之化矣니, 丹之所藏者는 赤하고 漆之所藏者는 黑이라. 是以로 君子는 必愼其所與處者焉이니라."

- 芝 지초 **지**
- 蘭 난초 **란**
- 鮑 생선 **포**
- 肆 가게 **사**
- 臭 냄새 **취**
- 丹 붉을 **단**
- 藏 감출 **장**
- 漆 옻칠할 **칠**

* 주사(朱砂) ― 단사(丹砂)·광명사(光明砂)·진사(辰砂)라고도 함. 육방정계(六方晶系)에 속하는 천연광물. 순수한 것은 86.2%의 수은을 함유한다. 주홍색이며, 때로 적갈색을 띤다. 주사 중에서 좋은 것을 광명사(光明砂)라고 한다.

배움이 없는 사람과 함께 다니면 썩은 냄새가 난다

244 배움을 좋아하는 사람과 함께 다니면 마치 안개 속을 걸어가는 것과 같아서 비록 옷은 젖지 않더라도 물기가 스며들고, 배움이 없는 사람과 함께 다니면 마치 뒷간에 앉아 있는 것과 같아서 비록 옷은 더럽혀지지 않더라도 그 냄새가 나느니라.

家語에 云, "與好人同行에 如霧露中行하여 雖不濕衣라도 時時有潤하고, 與無識人同行에 如厠中坐하여 雖不汚衣라도 時時聞臭니라."

- 霧 안개 무　　· 露 이슬 로　　· 濕 젖을 습　　· 潤 젖을 윤
- 厠 뒷간 측　　· 汚 더러울 오

오래도록 사귀어도 좋은 사람

245 안평중*은 사람을 사귀는 방법이 훌륭하구나. 오래
도록 사귀어도 항상 그 상대를 존중하니 말이다. 〈공자(孔
子)〉

子曰, "晏平仲은 善與人交로다, 久而敬之온여."

▪晏 늦을 안   ▪仲 버금 중

* 안평중(晏平仲) ___ ?∼B.C. 500. 안영(晏嬰)을 이름. 평중(平仲)은 시
호임. 안자(晏子)라고도 부름. 중국 춘추시대 제(齊)나라의 재상. 영
공(靈公)·장공(莊公)·경공(景公) 3대에 걸쳐 임금을 보필하고 나
라를 다스린 뛰어난 재상으로서 관중(管仲)과 함께 제나라의 명신
(名臣)으로 꼽힘. 대인관계에서 처음이나 나중이나 변함없이 똑같아
서 그의 말을 믿지 않는 사람이 없었다고 한다. 『안자춘추(晏子春
秋)』는 그의 저서로 전해지나 후세에 후대인들에 의해 편찬된 것이
다.

■ 본문의 공자 말씀은 『논어』 「공야장(公冶長)」에 나온다. 안평
중과 관련된 재미있는 고사나 일화는 많은데, 한 가지만 소개
하면 다음과 같다.
■ 안평중이 춘추시대 말기 중원의 패자인 초(楚)나라에 사
신으로 갔을 때의 일이다. 초나라에서는 약소국의 키 작은

242

사신 안평중을 욕보이기 위해 성문 옆에 작은 개구멍을 만들어 놓고 그곳으로 안평중을 들어오게 하였다. 안평중이 문지기를 불러 성문을 열라고 하자, 문지기는 이 개구멍으로도 당신이 출입하기에 족한데 무엇 하러 성문을 열겠냐며 조소하였다. 이에 안평중은 조금의 굴함도 없이 크게 웃으며 이렇게 말하였다. "이것은 개가 출입하는 문이지 사람이 출입하는 문이 아니지 않은가. 개의 나라에 사신으로 왔다면 개문으로 출입해야 하고 사람 나라에 사신으로 왔다면 사람 다니는 문으로 출입해야 할 것인데, 내가 개의 나라에 왔는지 사람의 나라에 왔는지 알 수가 없구나. 설마하니 초나라가 개의 나라는 아니겠지?" 이 말이 초나라 왕에게 전해져 안평중은 당당히 성문을 통해 초나라에 들어갈 수 있었다.

마음으로 알아주는 사람은 드물다

246 얼굴을 알고 지내는 사람 정도는 천하에 가득하지만, 마음을 알고 지내는 사람은 과연 몇이나 될까?

相識이 滿天下하되, 知心能幾人고.

- 識 알 식　　- 幾 몇 기

어려울 때 도와주는 친구가 진정한 친구다

247
술좌석에서 형님 아우 하는 친구는 천 명도 넘지만,
위급할 때 달려오는 친구는 한 명도 없다.

酒食兄弟는 千個有로되, 急難之朋은 一個無니라.
· 急 급할 급, 중요할 급   · 朋 벗 붕

의리 없는 친구는 사귀지 말라

248
열매를 맺지 못하는 꽃은 심지 말 것이며, 의리가
없는 친구는 사귀지 말지니라.

不結子花는 休要種이요, 無義之朋은 不可交니라.
· 結 맺을 결   · 子 씨 자   · 休 말 휴   · 種 심을 종

소인이 사귀는 방법은 달콤하다

249
군자의 사귐은 깨끗하기가 물과 같고, 소인의 사귐

은 달기가 단술과 같으니라.

君子之交는 淡如水하고, 小人之交는 甘若醴니라.
　▪淡 맑을 담　　▪醴 단술 례

■『장자』「산목(山木)」, "'이익으로 맺어진 사이는 위급한 지경을 만나면 서로 버리게 마련이오. 허나 천륜으로 맺어진 사이는 위급한 지경을 만나도 서로 거두오'라고 하였다. 이처럼 서로 모아 거두는 것과 서로 버리는 것의 차이가 이렇게 다릅니다. 군자의 사귐은 물같이 담백하지만 소인의 사귐은 단술처럼 답니다. 군자는 담백하기 때문에 친분이 두텁고 소인은 달기 때문에 끊어져 버리는 것입니다. 까닭 없이 맺어진 것은 까닭 없이 떨어지기 마련입니다."(夫以利合者, 迫窮禍患害相棄也. 以天屬者, 迫窮禍患害相收也. 夫相收之與相棄亦遠矣. 且君子之交淡若水, 小人之交甘若醴. 君子淡以親, 小人甘以絶. 彼无故以合者, 則无故以離.)

사람은 오래 사귀어 보면 그 사람을 알 수 있다

250 말은 먼 길을 달려 봐야 힘 있는 말(馬)인지 알 수 있고, 사람은 오래 사귀어 봐야 그 사람의 마음을 알 수 있

느니라.

路遙知馬力이요 日久見人心이니라.

·遙 멀 요

■ 우리말 속담에, "말은 타봐야 알고 사람은 사귀어 봐야 안
  다."는 말이 있다.

여성

婦行篇

아름다운 여성은 이런 여성이어야 한다

251ㅣ여자에겐 네 가지 아름다운 덕이 있어야 한다. 첫째
는 부덕(婦德 : 덕)이요, 둘째는 부용(婦容 : 용모)이요, 셋째
는 부언(婦言 : 말)이요, 넷째는 부공(婦工 : 일솜씨)이니라.

부덕(婦德)이라는 것은 반드시 재주가 뛰어나다는 평판
이 있어야 함을 말하는 것이 아니요, 부용(婦容)이라는 것
은 반드시 얼굴이 아름다워야 함을 말하는 것이 아니요,
부언(婦言)이라는 것은 반드시 언변이 좋아야 함을 말하는
것이 아니요, 부공(婦工)이라는 것은 반드시 손재주가 남보
다 뛰어나야 함을 말하는 것이 아니다.

부덕(婦德)이라는 것은 맑고 곧고 청렴하고 절개가 있으
며, 분수를 지키고 몸가짐이 바르며, 행동거지에 염치가 있
고 행실에 법도가 있는 것이다. 부용(婦容)이라는 것은 먼
지나 때를 깨끗이 씻고 옷차림을 정결하게 하며, 목욕을
제때에 하여 몸에 더러움이 없는 것이다. 부언(婦言)이라는
것은 남이 본받을 만한 말을 가려 말하고 예의에 어긋나는
말은 하지 않으며, 말할 만한 때에 말해서 사람들이 그 말
을 싫어하지 않는 것이다. 부공(婦工)이라는 것은 길쌈을

부지런히 하고 마늘과 술을 좋아하지 않으며 맛있는 음식
을 준비하여 손님을 대접하는 것이다.

이 네 가지는 부인으로서 빠짐없이 갖추어야 하는 것이
다. 행하기가 매우 쉽고 올바름에 힘써야 하는 것이니 이
대로 행한다면 이것이 바로 부인의 예절이 되는 것이다.

益智書에 云, "女有四德之譽하니 一曰婦德이요 二曰婦容
이요 三曰婦言이요 四曰婦工也니라.
婦德者는 不必才名絶異요, 婦容者는 不必顏色美麗요, 婦
言者는 不必辯口利詞요, 婦工者는 不必技巧過人也니라.
其婦德者는 淸貞廉節하여 守分整齊하고 行止有恥하여 動
靜有法이니 此爲婦德也요, 婦容者는 洗浣塵垢하여 衣服鮮
潔하며 沐浴及時하여 一身無穢니 此爲婦容也요, 婦言者는
擇師而說하여 不談非禮하고 時然後言하여 人不厭其言이니
此爲婦言也요, 婦工者는 專勤紡績하고 勿好葷酒하며 供具
甘旨하여 以奉賓客이니 此爲婦工也니라.
此四德者는 是婦人之所不可缺者라. 爲之甚易하고 務之在
正하니, 依此而行이면 是爲婦節이니라."

▪譽 기릴 예　　▪絶 뛰어날 절　　▪顏 얼굴 안　　▪麗 고울 려
▪辯 말 잘할 변　　▪詞 말씀 사　　▪技 재주 기　　▪巧 공교로울 교
▪貞 곧을 정　　▪廉 청렴할 렴　　▪整 가지런할 정　　▪齊 가지런할 제
▪止 거동 지　　▪恥 부끄러울 치　　▪洗 씻을 세　　▪浣 빨 완
▪塵 먼지 진　　▪垢 때 구　　▪鮮 고울 선　　▪潔 청결할 결

▪沐 머리감을 **목**　　▪浴 목욕할 **욕**　　▪穢 더러울 **예**　　▪擇 가릴 **택**
▪厭 싫을 **염**　　▪紡 실 뽑을 **방**　　▪績 길쌈할 **적**　　▪菫 매운 채소 **훈**
▪供 바칠 **공**　　▪具 갖출 **구**　　▪旨 맛 **지**　　▪缺 이지러질 **결**

여성은 음성이 차분해야 한다

252 부인의 예절은 말소리가 반드시 조용하고 차분해야
하느니라.　　　　　　　　　　　　　　　　　〈태공(太公)〉

太公이 曰, "婦人之禮는 語必細니라."

▪細 가늘 세

훌륭한 여성은 남편을 귀하게 만든다

253 현명한 부인은 남편을 귀하게 만들고, 현명하지 못
한 부인은 남편을 천하게 만드느니라.

賢婦는 令夫貴요, 佞婦는 令夫賤이라.

▪令 하여금 령　　▪佞 말 잘할 녕

어진 여성은 남편을 재앙으로부터 면하게 한다

254 | 집안에 현명한 아내가 있으면 남편이 뜻밖의 화를
당하지 않느니라.

家有賢妻면 夫不遭橫禍니라.

- 遭 만날 조

훌륭한 여성은 친척을 화목하게 한다

255 | 어진 부인은 육친*을 화목하게 하고, 어질지 못한
부인은 육친의 화목을 깨뜨린다.

賢婦는 和六親하고, 佞婦는 破六親이니라.

- 佞 말 잘할 녕   - 破 깨뜨릴 파

* 육친(六親) ── 부모, 형제, 처자를 통틀어 이르는 말.

증보편

增補篇

작은 선행도 하찮게 여기지 말라

256 선행을 쌓지 않으면 이름을 이룰 수 없고, 악행을 쌓지 않으면 자신을 망치지 않는다. 소인은 작은 선은 하찮게 여겨서 실천하지 않고, 작은 악은 대수롭지 않게 여겨서 없애지 못한다. 그러므로 악이 쌓여서 감당하지 못하고, 죄가 커져서 해결할 수 없게 되느니라. 〈주역(周易)〉

周易에 曰, "善不積이면 不足以成名이요 惡不積이면 不足以滅身이어늘, 小人은 以小善으로 爲無益而弗爲也하고, 以小惡으로 爲無傷而弗去也니라. 故로 惡積而不可掩이요 罪大而不可解니라."

• 滅 멸망할 멸, 없어질 멸　　• 掩 가릴 엄

■ 본문의 글은 『주역』 「계사하(繫辭下)」에 나온다. 그 앞의 구절을 보면 이렇다. "소인은 불인(不仁, 인자하지 못함)을 부끄러워하지 않고 불의를 두려워하지 않는다. 이로움을 발견하지 않으면 노력하지 않고 위엄이 아니면 징계되지 않나니 작게 징계하여 크게 경계하게 함이 소인의 복이다."(小人不恥不仁, 不畏不義, 不見利不勸, 不威不懲. 小懲而大戒, 此小人之福也.)

악연은 하루아침에 이루어지는 것이 아니다

257 서리가 내리면 곧 단단한 얼음이 얼 때가 되었음을 알 수 있는 것처럼 신하가 임금을 시해하고 자식이 부모를 시해하는 것은 하루아침에 이루어진 일이 아니라 오래 전부터 쌓이고 쌓인 악연(惡緣)의 결과니라.　　　　〈주역(周易)〉

履霜하면 堅氷至라 하니, 臣弑其君하며 子弑其父는 非一朝一夕之事라. 其所由來者 漸矣니라.

- 履 밟을 리　　- 堅 굳을 견　　- 弑 죽일 시　　- 漸 점점 점

■ 본문의 글은 『주역』「곤괘(坤卦)」에 나온다.

자식 대하는 마음으로 부모를 대하라

258 어린 자식이 혹 나를 꾸짖으면 기쁨을 느끼면서도 부모가 꾸짖으면 오히려 불쾌하게 여긴다. 하나는 즐겁고 하나는 불쾌하니 자식을 대하고 부모를 대하는 마음이 어찌 그다지도 차이가 있는가. 그대에게 권하노니, 부모가 노

여워하거든 마땅히 자식을 대하는 마음으로 부모를 대할
지니라.

幼兒或詈我하면 我心에 覺懽喜하고, 父母嗔怒我하면 我心
에 反不甘이라. 一喜懽一不甘하니 待兒待父心何懸고. 勸君
今日逢親怒어든 也應將親作兒看하라.
  •詈 꾸짖을 리   •懽 기쁠 환   •嗔 성낼 진   •懸 현격할 현

자식의 재잘거림은 듣기 좋아하면서
부모의 말은 듣기 싫어한다

259 자식들이 떠드는 소리는 듣기 싫어하지 않으면서도
부모가 타이르는 한마디 말에 대해서는 쓸데없이 간섭한
다고 한다. 쓸데없는 간섭이 아니라 걱정이 되어서이니, 흰
머리가 되도록 긴 세월 동안 많은 것을 겪어 알고 계시기
때문이니라. 그대에게 권하노니, 늙은 부모의 말을 공경히
받들고 젖냄새 나는 입으로 부모의 장단(長短)을 함부로 논
하지 말라.

兒曹는 出千言하되 君聽常不厭하고, 父母는 一開口하면 便

道多閑管이라. 非閑管親掛牽이라 皓首白頭에 多諳練이라.
勸君敬奉老人言하고 莫敎乳口爭長短하라.

- 曹 무리 조   - 厭 싫을 염   - 管 단속할 관, 구속할 관
- 掛 걸 괘   - 牽 끌 견   - 皓 흴 호   - 諳 알 암
- 練 겪을 련   - 乳 젖 유

제 자식의 똥오줌은 싫어하지 않으면서
부모의 눈물과 침은 싫어한다

260 | 어린 자식의 똥오줌은 꺼려하지 않으면서도 늙은
부모의 눈물과 침은 싫어한다. 이 몸이 어느 곳에서 왔는
가. 아버지의 정기와 어머니의 피로 이루어진 것이니라. 그
대에게 권하노니, 늙어 가는 부모님을 공경히 모실지어다.
젊으셨을 때에 그대를 위하여 뼈와 살이 닳으셨느니라.

幼兒尿糞穢는 君心에 無厭忌로되 老親涕唾零엔 反有憎嫌
意니라. 六尺軀來何處오. 父精母血成汝體라. 勸君敬待老
來人하라. 壯時爲爾筋骨敝니라.

- 尿 오줌 뇨   - 糞 똥 분   - 穢 더러울 예   - 厭 싫을 염
- 忌 꺼릴 기   - 涕 눈물 체   - 唾 침 타   - 零 떨어질 령
- 憎 미워할 증   - 嫌 싫어할 혐   - 軀 몸 구   - 精 정기 정

- ▪ 壯 씩씩할 장　　▪ 爾 너 이　▪ 筋 힘줄 근　　▪ 骨 뼈 골
- ▪ 敝 해질 폐

부모는 생각하지 않으면서 제 자식만 생각한다

261 새벽같이 시장에 가서 떡을 사는 이들의 말을 들어
볼 것 같으면 부모에게 드리려고 산다는 사람은 거의 없고
대부분 자식을 먹이기 위해 산다고들 한다. 부모님은 맛도
보지 못하셨는데 자식이 먼저 배부르니, 부모를 섬기는 마
음보다 자식을 사랑하는 마음이 앞서는구나. 그대들에게
권하노니, 여생도 얼마 남지 않은 부모를 공양할지니라.

看君晨入市하여　買餅又買餻하니, 少聞供父母하고　多說供
兒曹라. 親未啖兒先飽하니 子心이 不比親心好라. 勸君多出
買餅錢하여　供養白頭光陰少하라.

- ▪ 晨 새벽 신　　▪ 買 살 매　　▪ 餅 떡 병　　▪ 餻 떡 고
- ▪ 供 바칠 공　　▪ 啖 먹을 담　　▪ 飽 배부를 포　　▪ 比 견줄 비
- ▪ 錢 돈 전　　▪ 陰 세월 음

자식도 병들고 부모도 병들었을 때
누구를 먼저 치료할 것인가

262 | 약방에서 아이를 살찌게 하는 약은 팔면서 나이 든 사람을 건강하게 하는 약은 팔지 않으니, 무슨 까닭으로 이렇게 되었는가. 아이도 병들고 부모님도 병들었을 때 부모님의 병 돌보는 것이 자식의 병 돌보는 것만 못해서이다. 넓적다리를 베더라도 그것은 부모의 살이다. 그대에게 권하노니 서둘러 부모님의 목숨을 보호할지니라.

市間賣藥肆에 惟有肥兒丸하고 未有壯親者하니 何故兩般看고. 兒亦病親亦病에 醫兒不比醫親症이라. 割股還是親的肉이니 勸君亟保雙親命하라.

- 賣 팔 매　　· 藥 약 약　　· 肆 가게 사　　· 肥 살찔 비
- 丸 환약 환　　· 般 (사물을 세는) 수사 반　　· 看 볼 간　　· 醫 고칠 의
- 症 증세 증　　· 割 벨 할　　· 股 다리 고　　· 亟 빠를 극
- 保 보호할 보　　· 雙 둘 쌍

부모 위하는 것이 자식 위하는 것보다 못하구나

263 | 부귀할 때엔 부모 봉양하기가 쉬운데도 봉양받는

부모 마음에는 항상 자식이 안쓰럽고, 빈천할 때엔 자식 기르기가 어려운데도 자식은 배고픔과 추위를 겪지 않는다. 한 가지 마음에 두 갈래 길, 부모 위하는 것이 자식 위하는 것보다 못하구나. 그대여, 부모 섬기기를 자식을 기르는 것과 같이 정성을 다하라. 그리고 모든 일에 있어서 넉넉하지 못하다는 이유로 미루지 말지니라.

富貴엔 養親易로되 親常有未安하고, 貧賤엔 養兒難하되 兒不受饑寒이라. 一條心兩條路에 爲兒終不如爲父라. 勸君養親如養兒하고, 凡事를 莫推家不富하라.

- 易 쉬울 이   - 饑 주릴 기   - 條 가지 조   - 推 밀 추

열 자식은 싫어하지 않으면서 두 분 부모 모시는 일을 놓고는 서로 다투는구나

264│단 두 분 부모님을 모시는 일은 (그렇게도 싫어서) 형제간에 서로 다투면서 자식은 열 명이 되어도 기꺼이 모두 맡아 기르는구나. 자식이 혹 배를 곯지는 않는지 혹 추위에 떨지는 않는지는 언제나 챙기면서 부모님이 어떻게

지내시는지는 염두에도 두지 않는다. 그대에게 권하노니,
부모님을 모시는 데 모름지기 힘을 다할지어다. 애당초 부
모님의 옷과 밥을 빼앗아 그대가 성장한 것이니라.

養親엔 只二人이로되 常與兄弟爭하고, 養兒엔 雖十人이나
君皆獨自任이라. 兒飽煖親常問하되 父母饑寒不在心이라.
勸君養親을 須竭力하라. 當初衣食이 被君侵이니라.

- 爭 다툴 쟁　　　- 任 맡을 임　　　- 飽 배부를 포　　　- 煖 따뜻할 난
- 饑 주릴 기　　　- 須 모름지기 수　　　- 竭 다할 갈　　　- 被 입을 피
- 侵 범할 침

효자는 효자를 낳고 불효자는 불효자를 낳는다

265 부모는 한없는 사랑을 주셨건만 그대는 그 은혜를
조금도 생각지 않고, 자식은 조금만 효도해도 남들에게 자
랑하는구나. 부모를 모시는 데는 어두우면서 자식을 대하
는 데에는 밝으니, 그 누가 자식 기르는 부모의 마음을 알
리오. 그대에게 권하노니, 자식이 그대에게 효도할 것이라
고 너무 자신하지 말라. 자식은 그대를 본보기로 삼느니라.

親有十分慈하되 君不念其恩하고, 兒有一分孝하되 君就揚

其名이라. 待親暗 待兒明하니 誰識高堂養子心고. 勸君漫信
兒曹孝하라. 兒曹樣子在君身이니라.

▪就 나아갈 취　　▪揚 날릴 양　　▪暗 어두울 암　　▪漫 아득할 만
▪曹 무리 조　　▪樣 본보기 양

효행편 속

孝行篇 續

266 지극히 가난했던 손순(孫順)*은 아내와 함께 남의 집에 품팔이를 하여 어머니를 봉양하였다. 손순에게는 어린 자식이 하나 있었는데 늘 어머니의 밥을 빼앗아 먹었다.

하루는 손순이 아내에게 말하였다.

"아이가 어머니의 밥을 빼앗아 먹으니 어찌하면 좋겠는가? 아이는 또 낳으면 되지만 어머니는 한번 가시면 그뿐이라."

마침내 아이를 업고 귀취산 북쪽으로 가서 묻으려고 땅을 파는데, 매우 특이한 석종(石鐘)이 나왔다. 놀랍기도 하고 괴이하기도 하여 한번 쳐보니, 그 소리가 은은한 것이 아름다웠다.

아내가 말하였다.

"이 기이한 종을 얻은 것은 아마도 아이의 복인 듯하니 아이를 땅에 묻는 것은 옳지 못합니다."

손순도 그렇다고 생각하여 아이와 함께 종을 가지고 집에 돌아와 종을 대들보에 매달고 쳤다.

이때 왕이 멀리서 들려오는 종소리를 듣고 이상하게 여

겨 신하를 시켜 알아보라고 하였다.

왕이 그 사연을 듣고 말하기를, "옛적 곽거(郭巨)^{**}가 아들을 묻었을 때에는 하늘이 금으로 만든 솥을 주셨는데, 이제 손순이 어머니를 위해 아들을 묻으려 하자 땅에서 석종이 나왔으니, 앞과 뒤가 서로 꼭 맞는구나."라 하고는 집 한 채를 내리고, 해마다 쌀 50석(石)을 주었다.

孫順이 家貧하여 與其妻로 傭作人家以養母할새 有兒每奪母食이라. 順이 謂妻曰, "兒奪母食하니 兒는 可得이어니와 母難再求라." 하고, 乃負兒往歸醉山北郊하여 欲埋掘地러니, 忽有甚奇石鐘이어늘 驚怪試撞之하니 舂容可愛라. 妻曰, "得此奇物은 殆兒之福이라, 埋之不可라." 하니, 順이 以爲然하여 將兒與鐘還家하여 懸於樑撞之러니, 王이 聞鐘聲淸遠異常而覈聞其實하고 曰, "昔에 郭巨埋子엔 天賜金釜러니, 今孫順埋兒엔 地出石鐘하니 前後符同이라." 하고 賜家一區하고 歲給米五十石하니라.

- 傭 품팔이 용
- 每 매양 매
- 奪 빼앗을 탈
- 負 짐질 부
- 醉 취할 취
- 郊 교외 교
- 埋 묻을 매
- 掘 팔 굴
- 忽 홀연 홀
- 甚 심할 심
- 奇 기이할 기
- 鐘 쇠북 종
- 驚 놀랄 경
- 怪 괴이할 괴
- 試 시험할 시
- 撞 칠 당
- 舂 종용할 용
- 殆 자못 태
- 懸 매달 현
- 樑 들보 량
- 覈 조사할 핵
- 郭 성 곽
- 巨 클 거
- 賜 줄 사
- 釜 가마솥 부
- 符 들어맞을 부
- 區 구역 구
- 給 줄 급

* 손순(孫順) — 신라 42대 흥덕왕 때 사람. 경주 손씨(慶州孫氏)의 시
  조.
** 곽거(郭巨) — 중국 후한(後漢) 때의 효자.

■ 이십사효(二十四孝) : 중국 고래의 대표적인 효자 24명. 또는
  그들의 일화를 담은 교훈책. 그 인물과 배열 순서는 책에 따
  라 차이가 있는데, 곽거경(郭居敬)이 지은 『이십사효』에 따르
  면 다음과 같다. 우순(虞舜)·한(漢) 문제(文帝)·증삼(曾參)·
  민손(閔損)·중유(仲由)·동영(董永)·염자(剡子)·강혁(江
  革)·육적(陸績)·당부인(唐夫人)·오맹(吳猛)·왕상(王祥)·
  곽거(郭巨)·양향(楊香)·주수창(朱壽昌)·유검루(庾黔婁)·노
  래자(老萊子)·채순(蔡順)·황향(黃香)·강시(姜詩)·왕포(王
  褒)·정란(丁蘭)·맹종(猛宗)·황정견(黃庭堅)인데, 중유와 강
  혁 대신에 장효(張孝)와 전진(田眞)을 넣은 책도 있다. 늙은 부
  모를 기쁘게 해드리기 위해 70세에 고까옷을 입고 어린아이
  흉내를 내었던 주(周)나라의 노래자, 부모님께 드리기 위해
  한겨울에 죽순을 찾아 헤매며 울었던 진(晉)나라의 맹종, 얼
  음 위에 누워 잉어를 잡으려고 했던 진나라 왕상의 이야기
  등이 이들 효자의 일화로 전해지고 있다.

넓적다리를 베어 부모를 봉양한 상덕의 이야기

267 | 상덕(尙德)*은 흉년과 열병이 유행하는 때를 만나 부모가 굶주리고 병들어 거의 돌아가시게 되자 옷도 벗지 않고 밤낮으로 정성을 다하여 보살펴 드렸다.

봉양할 양식이 없을 때는 자신의 넓적다리 살을 베어 잡수시게 하고, 어머니 몸에 종기가 나면 입으로 빨아서 낫게 하였다. 왕이 이 이야기를 전해 듣고 가상히 여겨 후하게 하사하고, 그 마을에 정문(旌門)**과 비석을 세워 이 일을 기록하게 하였다.

尙德은 値年荒癘疫하여 父母飢病濱死라. 尙德이 日夜不解衣하고 盡誠安慰하되 無以爲養이면 則刲髀肉食之하고 母發癰에 吮之卽瘉라. 王이 嘉之하여 賜賚甚厚하고 命旌其門하고 立石紀事하니라.

- 尙 높일 상
- 値 만날 치
- 荒 흉년들 황
- 癘 질병 려
- 疫 질병 역
- 飢 주릴 기
- 濱 절박할 빈
- 慰 위로할 위
- 刲 저밀 규
- 髀 다리 비
- 癰 종기 옹
- 吮 빨 연
- 瘉 병 나을 유
- 嘉 가상할 가
- 賚 줄 뢰
- 旌 표할 정
- 紀 기록할 기

* 상덕(尙德) ─ 신라 때 사람으로 효성이 지극하였다고 한다.

** 정문(旌門) ─ 충신이나 효자·열녀를 기리기 위해 그가 사는 마을

에 세우는 붉은 문. 여기에 그 사실을 기록한 현판을 걸기도 한다.

『삼국사기』「열전(列傳)」, "상덕은 웅주군 판적향 사람이다. 그 부친의 이름은 선이요 자는 반길인데 천성이 온량하여 향리에서 그의 행실을 받들었다. 모친의 이름은 알 수 없다. 상덕은 효순하여 세상에서 칭찬을 받았다. 천보 14년 을미년(신라 경덕왕 14년)에 흉년이 들어 백성이 모두 굶주렸는데 역병까지 겹쳤다. 부모님이 굶주려 병까지 드신 데다 어머니는 종기까지 나서 거의 돌아가시게 되었다. 상덕이 밤낮으로 옷도 벗지 않고 정성을 다하여 보살펴 드렸지만 제대로 봉양할 수 없었다. 이에 자기의 넓적다리 살을 베어 드시게 하고 어머니의 종기를 빨아 마침내 모두 평안하게 되었다."(向德, 熊川州 板積鄕人也, 父名善, 字潘吉, 天資溫良, 鄕里推其行, 母則失其名, 向德亦以孝順爲時所稱, 天寶十四年乙未, 年荒民饑, 加之以疫癘, 父母飢且病, 母又發癰, 皆濱於死, 向德日夜不解衣, 盡誠安慰, 而無以爲養, 乃刲髀肉以食之, 又吮母癰, 皆致之平安.)

효성이 지극한 도씨의 이야기

268 도씨(都氏)*는 가난하였지만 효성이 지극하였다. 숯을 팔아 고기를 사서 어머니의 반찬을 마련해 드렸다.

268

하루는 장에서 고기를 사 가지고 바삐 돌아오는데 솔개가 갑자기 고기를 낚아채 갔다. 도씨가 슬피 울며 집에 와 보니, 솔개가 벌써 그 고기를 집안 뜰에 갖다 놓은 것이 아닌가.

어느 날 어머니가 병이 나 때 아닌 홍시를 드시고 싶어 하셨다. 도씨는 감을 찾아 감나무 숲을 헤매며 날이 저문 것도 모르고 있었다. 그때 문득 호랑이 한 마리가 나타나서 자꾸 앞을 가로막으며 올라타라는 시늉을 하였다. 도씨는 호랑이를 타고 백여 리나 되는 산촌에 이르러 인가를 찾아 하룻밤을 지내게 되었다. 그런데 그 집 주인이 차려 가지고 나온 밥상 위에 홍시가 있었다.

도씨는 기뻐하며 어떻게 때도 아닌데 감이 있는지를 묻고 또 자신의 사정을 말하였다. 그 사람은, "돌아가신 아버지께서 감을 즐기셨기 때문에 매년 가을이면 감 2백 개를 골라 굴속에 보관해 두는데, 다음 해 5월이 되면 완전한 것이 7, 8개에 불과하였습니다. 그런데 올해는 완전한 것이 50여 개나 되어서 이상하게 여겼는데, 아마도 이것은 하늘이 그대의 효성에 감동한 때문인 듯 합니다."라 하고는 20개를 주었다.

도씨가 사례하고 문밖으로 나오니, 그때까지 호랑이는
엎드려 기다리고 있었다. 호랑이를 타고 집에 돌아오니 새
벽닭이 울었다. 훗날 어머니가 천수를 다하고 돌아가시자
도씨는 슬퍼하여 피눈물을 흘렸다고 한다.

都氏家貧至孝라 賣炭買肉하여 無闕母饌이러라. 一日은 於
市에 晚而忙歸러니 鳶忽攫肉이어늘, 都悲號至家하니 鳶旣
投肉於庭이러라. 一日은 母病 索非時之紅柿어늘 都彷徨柿
林하야 不覺日昏이러니 有虎屢遮前路하고 以示乘意라. 都
乘至百餘里山村하여 訪人家投宿이러니, 俄而主人이 饋祭
飯而有紅柿라. 都喜問柿之來歷하고 且述己意한대 答曰,
"亡父嗜柿故로 每秋擇柿二百個하여 藏諸窟中하여 而至此
五月이면 則完者不過七八이라가 今得五十個完者故로 心異
之러니 是天感君孝라." 하고 遺以二十顆어늘 都謝出門外하
니 虎尙俟伏이라. 乘至家하니 曉鷄喔喔이러라. 後에 母以天
命으로 終에 都有血淚러라.

- 都 도읍 도, 모두 도　　- 賣 팔 매　　- 炭 숯 탄　　- 買 살 매
- 闕 빠뜨릴 궐　　- 晚 늦을 만　　- 忙 바쁠 망　　- 鳶 소리개 연
- 攫 움킬 확　　- 悲 슬플 비　　- 號 울부짖을 호　　- 投 던질 투
- 索 찾을 색　　- 柿 감 시　　- 彷 방황할 방　　- 徨 방황할 황
- 屢 자주 루　　- 遮 막을 차　　- 示 보일 시　　- 乘 탈 승
- 訪 찾을 방　　- 宿 머무를 숙　　- 俄 잠시 아　　- 饋 먹일 궤
- 祭 제사 제　　- 歷 두루 력　　- 述 말할 술　　- 嗜 즐길 기
- 擇 가릴 택　　- 藏 감출 장　　- 窟 구멍 굴　　- 遺 줄 유

• 顆 덩이 **과**　　• 謝 사례할 **사**　　• 尙 아직 **상**　　• 俟 기다릴 **사**
• 伏 엎드릴 **복**　　• 曉 새벽 **효**　　• 喔 울 **악**　　• 淚 눈물 **루**

* 도씨(都氏) __ 조선 철종 때 사람으로 경북 예천군에 살았던 실존인
  물. 어머니가 몸져누우시자 노인병에 꿩이 좋다는 말을 듣고 산 속
  을 헤매는데 난데없이 꿩이 도시복의 품속으로 날아들었다는 일화,
  하루는 아버지가 추운 겨울에 잉어가 먹고 싶다고 하여 하리면 우
  곡천(愚谷川)을 헤매는데 구멍이 뚫린 얼음 위로 잉어가 뛰어나왔
  다는 일화, 또 어느 해 겨울에 어머니가 수박을 먹고 싶다고 하여
  수박밭을 찾아 나섰더니 안동군 풍산면 앞들에 여름에 거두어 둔
  수박을 저장해 놓은 것이 있어 구했다는 일화 등 그가 행한 효와
  관련된 일화는 많다.

청렴결백에 관한 글

廉義篇

청렴한 인관과 서조[*]의 이야기

269 인관(印觀)이라고 하는 사람이 시장에서 솜을 팔고 있었다. 하루는 서조(署調)라는 사람이 곡식을 가지고 와서 솜과 바꾸어 가지고 돌아가는데, 갑자기 솔개가 나타나서 그 솜을 채 가지고 날아가더니 인관의 집에 떨어뜨렸다.

인관이 서조에게 솜을 돌려주면서 말하기를 "솔개가 당신의 솜을 내 집에 떨어뜨렸으므로 당신에게 돌려보냅니다."라고 하니, 서조는 "솔개가 솜을 채다가 당신에게 준 것은 하늘의 뜻이니 이 솜은 당신의 것입니다. 내가 어찌 받겠소?"라고 하였다.

인관이 "그렇다면 솜 값으로 받은 당신의 곡식을 돌려드리겠습니다."라고 하자, 서조는 "내가 당신의 솜을 곡식과 바꾼 뒤로 장이 벌써 두 번이나 지났으니 이 곡식은 이미 당신 것입니다."라며 극구 사양하였다.

이와 같이 두 사람이 서로 사양하다가 결국 솜과 곡식을 모두 다 장에 버리게 되었다. 장을 맡아 다스리는 관원에게서 이 이야기를 들은 임금은 두 사람에게 다 같이 벼슬을 내렸다.

274

印觀이 賣綿於市할새 有署調者以穀買之而還이러니 有鳶이
攫其綿하여 墮印觀家어늘, 印觀이 歸于署調曰, "鳶墮汝綿
於吾家라, 故로 還汝하노라." 署調曰, "鳶이 攫綿與汝는 天
也라, 吾何受爲리오." 印觀曰, "然則還汝穀하리라." 署調曰,
"吾與汝者市二日이니 穀已屬汝矣라." 하고 二人이 相讓이
라가 幷棄於市하니, 掌市官이 以聞王하여 竝賜爵하니라.

- 印 도장 인   - 綿 솜 면   - 署 마을 서   - 調 고를 조
- 穀 곡식 곡   - 鳶 솔개 연   - 攫 움킬 확   - 墮 떨어질 타
- 屬 붙일 속   - 讓 사양 양   - 幷 아우를 병   - 棄 버릴 기
- 掌 맡을 장   - 竝 아우를 병

* 인관(印觀)과 서조(署調) ＿ 모두 신라 때의 사람들이다.

청렴한 홍기섭의 이야기

270 홍기섭(洪耆燮)*은 젊었을 때에 매우 가난하였다. 하
루는 아침에 어린 계집종이 기뻐 날뛰며 돈 일곱 냥을 바
치면서 말하였다.

"이 돈이 솥 안에 있었습니다. 이 돈으로 쌀을 사면 몇
섬을 살 수 있고, 땔나무를 사면 몇 단은 살 수 있을 것입
니다. 참으로 하늘이 주신 것입니다."

홍기섭이 놀라 말하기를 "이 돈이 무슨 돈인고?"라 하고
는, 곧 돈을 잃어버린 사람은 와서 찾아가라는 내용의 글
을 써서 대문에 붙여 놓고 기다렸다.

얼마 후 유(劉)씨라는 자가 찾아와 대문에 글을 붙이게
된 사연을 물었다. 홍기섭은 있는 그대로 자세히 말해 주
었다.

유씨가 말하였다. "남의 집 솥에다 돈을 잃어버릴 까닭
이 없으니 이 돈은 참으로 하늘이 주신 것입니다. 그런데
왜 갖지 않습니까?"

이에 홍기섭은 "내 물건이 아닌데 어떻게 갖겠습니까?"
라고 하였다. 그러자 유씨가 엎드려 말하기를 "소인이 어
젯밤에 솥을 훔치러 왔다가 살림살이가 지극히 가난한 것
에 측은한 마음이 들어 이 돈을 놓고 갔습니다. 소인은 공
의 청렴함과 양심에 가책을 느껴 다시는 도둑질을 하지 않
을 것을 맹세하옵고, 앞으로는 공(公)을 모시고 살기를 원
하옵니다. 그러니 염려마시고 받아주십시오."라고 하였다.

그러나 홍기섭은 즉시 돈을 돌려주며 말하기를 "그대가
착한 사람이 된 것은 매우 좋은 일이나 이 돈만은 가질 수
없다."라 하고는 끝내 받지 않았다. 홍기섭은 훗날 판서(判

書 : 지금의 장관급)를 지냈고 그의 아들 재룡(在龍)은 헌종
(憲宗)의 부원군(임금의 장인)이 되었으며, 유씨 역시 신임
을 받아 자신은 물론 집안이 크게 번성하였다.

洪公耆燮이 少貧甚無聊러니, 一日朝에 婢兒踊躍獻七兩錢
曰, "此在鼎中하니 米可數石이요 柴可數駄니 天賜天賜니
다." 公이 驚曰, "是何金고?" 하고 卽書失金人推去等字하여
付之門楣而待러니, 俄而姓劉者來問書意어늘 公이 悉言之
한대 劉曰, "理無失金於人之鼎內하니 果天賜也라, 盍取之
닛고?" 公이 曰, "非吾物에 何오?" 劉俯伏曰, "小的이 昨夜에
爲竊鼎來라가 還憐家勢蕭條而施之러니 今感公之廉价하고
良心自發하여 誓不更盜하고 願欲常侍하오니 勿慮取之하소
서." 公이 卽還金曰, "汝之爲良則善矣나 金不可取라." 하고
終不受러라. 後에 公이 爲判書하고 其子在龍이 爲憲宗國舅
하며, 劉亦見信하여 身家大昌하니라.

- 洪 넓을 홍　　- 耆 늙을 기　　- 燮 빛날 섭　　- 聊 즐거울 료
- 婢 계집종 비　　- 踊 뛸 용　　- 躍 뛸 약　　- 獻 바칠 헌
- 鼎 솥 정　　- 柴 땔나무 시　　- 駄 짐 실을 태　　- 付 붙일 부
- 楣 문설주 미　　- 劉 성 류　　- 果 과연 과　　- 盍 어찌 아니할 합
- 俯 구부릴 부　　- 竊 훔칠 절　　- 蕭 쓸쓸할 소　　- 條 가지 조
- 廉 청렴할 렴　　- 价 청렴할 개　　- 誓 맹세 서　　- 慮 생각할 려
- 判 판단할 판　　- 憲 법 헌　　- 舅 장인 구

* 홍기섭(洪耆燮) ── 1776~1831. 조선 후기 때의 문신.

■ 소식(蘇軾, 1036~1101)의 「적벽부赤壁賦」에 이런 글이 있다. "진실로 나의 소유가 아니면 비록 한 터럭일지라도 가지지 말아야 할 것이다. 그러나 강 위로 불어오는 맑은 바람과 산간(山間)의 밝은 달은, 귀로 들으면 소리가 되고 눈으로 보면 아름다운 색을 이루어서, 이를 가져도 금할 이가 없고, 이를 써도 다함이 없으니, 이는 조물주(造物主)의 다함이 없는 보물이다. 나와 그대가 함께 누릴 바로다."(苟非吾之所有, 雖一毫而莫取, 惟江上之淸風, 與山間之明月, 而得之而爲聲, 目寓之而成色, 取之無禁, 用之不竭, 是造物者之無盡藏也, 而吾與者之所共樂.)

바보 온달과 공주의 이야기

27 ┃ 고구려 평원왕(平原王)의 딸이 어렸을 때에 날마다 울었다. 그래서 왕은 농담으로 "네가 크면 바보 온달(溫達)* 에게나 시집보내야겠다."라고 하였다.

공주**가 성장하여 결혼할 때가 되자, 왕은 딸을 상부(上部) 고씨(高氏)에게 시집보내려 하였다. 그러나 공주는 '임금은 식언(食言 : 거짓말)을 해서는 안 된다'며 굳이 (고씨

와의 혼인을) 마다하고 마침내 온달의 아내가 되었다.

온달은 집이 가난하여 이곳저곳을 다니며 구걸하여 어머니를 모셨는데, 당시 사람들은 그를 가리켜 '바보 온달'이라고 하였다. 하루는 온달이 산속에서 느릅나무 껍질을 짊어지고 돌아와 보니, 공주가 찾아와 말하기를 "제가 바로 당신의 아내입니다." 하는 것이었다. 그러고는 비녀와 갖가지 장신구를 팔아서 밭과 집과 세간을 장만하여 제법 살림을 넉넉하게 갖추고, 좋은 말도 많이 길러 온달을 도와 마침내 세상에 이름을 날리게 하였다.

高句麗平原王之女幼時에 好啼러니 王이 戲曰, "以汝로 將歸于愚溫達하리라." 及長에 欲下嫁于上部高氏한대 女以王不可食言이라 하여 固辭하고 終爲溫達之妻하다. 盖溫達이 家貧하여 行乞養母러니 時人이 目爲愚溫達也러라. 一日은 溫達이 自山中으로 負楡皮而來하니 王女訪見曰, "吾乃子之匹也." 하고 乃賣首飾하여 而買田宅器物頗富하고 多養馬以資溫達하여 終爲顯榮하니라.

- 麗 고울 려　　• 原 언덕 원　　• 啼 울 제　　• 戲 희롱할 회
- 愚 어리석을 우　　• 達 통달할 달　　• 嫁 시집갈 가　　• 部 마을 부
- 固 굳이 고, 완고할 고　　• 辭 사양할 사　　• 乞 빌 걸
- 楡 느릅나무 유　　• 訪 찾을 방　　• 匹 짝 필　　• 飾 꾸밀 식
- 頗 자못 파　　• 資 도울 자　　• 顯 나타날 현　　• 榮 영화로울 영

* 온달(溫達)＿?~590. 고구려 평원왕 때의 장군. 북주(北周) 무제(武
帝)의 군사를 쳐서 공을 세워 대형(大兄)이라는 벼슬에 올랐다. 소
백산 구인사 근처에는 온달이 장군이 되어 신라군과 싸웠다는 온달
산성이 지금도 그대로 남아 있다. 590년(영양왕 1), 온달은 신라에
빼앗긴 한강 이북 땅을 회복하겠다고 출정하여 신라군과 아차산성
(阿且山城 : 서울 광나루 북쪽 峨嵯山)에서 싸우다가 화살을 맞고
전사하였다.
** 공주＿평강공주(平岡公主).

배움을 권하는 글

勸學篇

오늘 배우지 않고 내일이 있다고 말하지 말라

272 | 오늘 배우지 않고 내일이 있다고 말하지 말 것이며, 금년에 배우지 않고 내년이 있다고 말하지 말라. 해와 달이 가지만, 세월은 나를 기다려 주지 않는다. 아! 늙었구나. 이것이 누구의 허물인가.

〈주자(朱子)〉

朱子曰, “勿謂 今日不學而有來日 하며, 勿謂 今年不學而有來年하라. 日月逝矣나 歲不我延이니 嗚呼 老矣라. 是誰之愆고.”

· 逝 갈 서　　· 延 늦출 연　　· 愆 허물 건

1초도 가볍게 여기지 말라

273 | 젊음은 곧 가버리고 학문은 이루기 어려우니, 짧은 시간도 소홀히 하지 말라. 못가의 봄풀은 아직 꿈에서 깨어나지도 않았는데, 어느덧 뜰 앞 오동나무는 벌써 가을 소리를 내는구나.

少年易老學難成하니　一寸光陰不可輕하라.　未覺池塘春草

夢인대 階前梧葉已秋聲이라.

- 陰 그늘 음   · 覺 깰 교   · 池 연못 지   · 塘 못 당
- 夢 꿈 몽   · 階 섬돌 계   · 梧 오동나무 오

젊음은 다시 오지 않는다

274 젊음은 다시 오지 않고, 새벽은 하루에 두 번 있지 않으니, 젊었을 때 마땅히 배움에 힘쓸지어다. 세월은 사람을 기다려 주지 않느니라.　　〈도연명(陶淵明)〉

陶淵明*詩에 云, "盛年은 不重來하고 一日은 難再晨이니, 及時當勉勵하라. 歲月은 不待人이니라."

- 陶 질그릇 도   · 淵 못 연   · 盛 성할 성   · 晨 새벽 신
- 勉 힘쓸 면   · 勵 힘쓸 려

* 도연명(陶淵明) ── 365～427. 중국 동진(東晋) 시대의 시인. 이름은 잠(潛). 문 앞에 버드나무 다섯 그루를 심어 놓고 스스로 오류(五柳) 선생이라 칭함. 기교를 부리지 않은 평담(平淡)한 시풍으로 당시의 사람들에게는 인정받지 못했지만, 당대 이후 6조(六朝) 최고의 시인으로 평가받음. 종영(鍾嶸)의 『시품(詩品)』에서는 "고금 은일시인(隱逸詩人)의 종주(宗主)"라고 평가하였다. 「귀거래사(歸去來辭)」, 「오류선생전(五柳先生傳)」, 「도화원기(桃花源記)」 등을 남겼다. 매(梅)·난(蘭)·연(蓮)·국(菊)을 '사애(四愛)'라고 하는데 매는 임화정

(林和靖), 난은 황산곡(黃山谷), 연은 주무숙(周茂叔), 국은 도연명(陶淵明)이 각각 사랑하였던 데서 생긴 말이다.

■ 위의 시는 『도정절집(陶靖節集)』 4권 「잡시(雜詩)」 12수 가운데 제1수이다.

인생은 뿌리도 꼭지도 없이	人生無根蔕
밭두렁의 먼지처럼 표연하다네	飄如陌上塵
흩어져 바람 따라 다니는	分散逐風轉
이 몸은 원래 무상한 것	此已非常身
땅에 태어난 모두가 형제이니	落地爲兄弟
어찌 골육을 따질 필요 있는가	何必骨肉親
즐거움이 있거든 마땅히 즐겨야 하며	得歡當作樂
한 말 술로 이웃들 모아 함께 마셔라	斗酒聚比隣
젊은 시절은 거듭 오지 않으며	盛年不重來
하루에 새벽을 두 번 맞지는 못한다네	一日難再晨
때를 놓치지 말고 부지런히 힘써라	及時當勉勵
세월은 사람을 기다려 주지 않네	歲月不待人

천 리 길도 한 걸음부터

275 반걸음이라도 내딛지 않으면 끝내 천 리에 이를 수

없고, 작은 물도 모이지 않으면 큰 강을 이루지 못하느니
라.

〈순자(荀子)〉

荀子曰, "不積蹞步면 無以至千里요, 不積小流면 無以成江
河니라."
　▪ 積 쌓을 적　　▪ 蹞 반걸음 규

■ 『고문진보』「상진황축객서(上秦皇逐客書)」, "신이 들으니, 땅
　이 넓으면 곡식이 많고, 나라가 크면 백성이 많으며, 병력이
　강하면 군사가 용감하다고 합니다. 태산은 한 줌의 흙도 사양
　하지 않았기 때문에 그 높음을 이룰 수 있었던 것이며, 하해
　는 작은 물줄기도 가리지 않았기 때문에 그 깊음을 이룰 수
　있었던 것이며, 군왕은 뭇 백성들을 물리치지 않았기 때문에
　그 덕을 밝힐 수 있었던 것입니다."(臣聞地廣者粟多, 國大者人
　衆, 兵强則士勇. 是以秦山不辭土壤, 故能成其大, 河海不擇細流,
　故能就其深, 王者不卻衆庶, 故能明其德.)